02

01

04

03

06

05

01 ｜我在蘭庭崑劇團為志萍排戲

02 ｜臺灣鄉間的純樸、溫暖讓人印象深刻

03 ｜在香港文化中心演出的前台，和來自臺灣大學的張淑香教授合影

04 ｜看似輕鬆愜意的啜著咖啡，殊不知每逢學生演出，總是替學生緊張得不得了

05 ｜2004 年蘭庭六記演出前台，世錚、宇航、世錚的學生黃麗樺女士

06 ｜蘭庭玉簪記演出前台，和柯基良主任、曲友周玉軒小姐等人合影留念

07

09

08

10

07 | 蘭庭玉簪記演出舞台合影（前排左起：錢宇珊、謝冠生、後排左起：陳元鴻、世錚、邢金沙、曾永義教授、溫宇航、蕭本耀、張化緯）

08 | 在木柵教學（後排左起：許俐縈、戴心怡、蔣孟純；前排左起：黃若琳、張珈羚、凌嘉臨）

09 | 後排左起：王志萍、朱惠良、周蕙蘋；前排左起：曾永義教授、世錚、貢敏老師、沈毅先生

10 | 與水磨曲集宋泮萍老師母女、傅千玲同遊阿里山

11

13

12

14

16 | 我替小妹朱民玲排了許多戲，教學、演出期間，她和復興的姊妹們對我的照顧真是無微不至

17 | 在錢熠家中為她授課

18 | 和愛戲、懂戲的陳彬老師合作愉快且獲益良多

19 | 邢金沙和扮戲的溫宇航在後台合影

20 | 臺灣的崑曲傳承一直靠著專業劇團與曲友間互相支持。佳鴻、懷之、魏薇、連翹（鼓師）、杰儒（笛師）互相交流，讓崑曲傳承不輟

11 | 慈愛、安麗和宇航

12 | 蘭庭崑劇團在香港志蓮淨苑演出，錢宇珊演出小春香

13 | 蘭庭崑劇團在香港志蓮淨苑，指導楊莉娟演出

14 | 趙揚強、朱民玲演出《楊妃夢》

15 | 家人是我教學事業最大的後援

22

21

24

23

26

25

26 | 我與世錚在美國

27 | 來臺灣教學的前幾年，大多在木柵國光藝校排練場上課，這裡滿載我和學生的共同回憶

28 | 小妹朱民玲與趙揚強在戲曲學院彩排《蔡文姬》

29 | 和岳美緹、千玲同遊

21 | 遊賞日月潭美景

22 | 喜菊淡雅

23 | 臺灣的戲劇學家貢敏老師，倏忽之間，斯人已遠，我與世錚那時都還滿頭黑髮

24 | 詹媛、惠良、蕭老師、志萍、宇航和我們夫婦經常一同出遊

25 | 世錚、朱惠良老師、志萍、笛王蕭木耀老師、宇航、曲友詹媛同遊宜蘭傳藝中心

27

28

29

32

31

30

34

37

36

35

34 | 蘭庭與國光浩大的謝師宴（前排左起：劉珈后、張珈羚、羅慎貞、陳長燕、蔣孟純；中：凌嘉臨；後排左起：王志萍、戴心怡、劉苑、王志萍、陳美蘭）

35 | 我和世錚夫婦與香江曲家吳宜修老師合影

36 | 愛徒錢熠在美

37 | 與世錚在美國

30 | 與學生邢岷山合影

31 | 蘭庭晚宴上與戲曲院士曾永義教授

32 | 孫女張芃溶唱京劇，我為其指導身段

33 | 國光劇團九美（前排左起：劉珈后、劉苑，中排左起：劉嘉玉、朱安麗、陳美蘭、王耀星；後排左起：陳長燕、王志萍）參與蘭庭學習排練

雪潤群芳

【周雪雯傳藝錄】

周雪雯　著
魏薇　整編

目錄

推薦序

壹　周雪雯其人

貳　藝術觀點：繼承、創作與教學

一　繼承傳統折子戲

叁 回憶與感懷

附錄

推薦序

FOREWORD

恭賀當代崑曲教學重要史料問世

王安祈（臺灣大學特聘教授、國光劇團藝術總監）

「雪雯老師來了！」

這是國光的旦角們聽說雪雯老師來臺時的反應，驚喜雀躍，奔相走告，我親眼見到她們飛撲上去，擁抱，緊緊黏著。

雪雯老師教得好，一招一式親自示範，更主要的是能教給他們不一樣的表演藝術。雖然我們常說京崑一家親，其實是不同劇種、兩類藝術，發聲、用嗓、運氣、咬字都不一樣，身段氣質也不同。尤其崑劇的「閨門旦」，是京劇裡沒有的行當。

京劇旦角最重要的是「正工青衣」，青衣以唱為主，身段氣質要大氣，尤其梅派，特別要求端莊典雅、雍容華貴，一樣有水袖功、扇子功，但水袖不宜多揮舞，講究「藏在內裡的勁兒」，飄逸流盪裡一定要有骨頭；程派的水袖更要「瘦硬峭拔、勾勒見骨」。要求靈活婉轉的是另一個行當：花旦，但花旦多半飾演丫頭或小戶人家女子，後來新創出來的「花衫」行當，是要融合青衣與花旦之長，既能唱又有靈活做表，但人物氣質仍與崑劇的閨門旦不同。

崑劇的閨門旦簡直可以說是處在愛情狀態中的女子，風情旖旎，顧眄含情，肩頸肘腰每一方寸都流轉柔婉，我常借用唐詩「江流宛轉繞芳甸」做為比擬，明代人更形容演杜麗娘直要演到「春蠶欲死」，這股柔媚嬌嬈，雪雯老師教得澈底，國光這幾位京劇青衣或花旦，鮮明的感受到這是她們沒學過的，面對雪雯老師，每個人都求知欲高漲，如飢如渴的學習，因為這是另一個劇種美的極致。

要用腰，要有眼神，這是雪雯老師隨時強調的。京劇旦角的訓練當然有腰，她們的腰腿要練到足以紮靠扮演梁紅玉、樊梨花或楊門女將，連續走七八個鷂子翻身不喘氣，更要有能力演出散花天女的風帶長綢舞、虞姬的舞劍、《虹霓關》的槍架子、醉酒貴妃的臥魚下腰，但是由於處處要求端莊雍容，所以立姿要求正，就連《鳳還巢》的聞報三笑都要以端莊雅正為尚。雪雯老師卻隨時提醒他們要用腰在舞臺上呈現婉轉婀娜，更要眼波流轉，這才能體現古代戀愛中女子的風姿情態。這層提點，指出了兩個劇種的差異。

老師所教授的不僅是傳統崑劇身段，其中有她自己的體會與創發。例如〈尋夢〉，老師原本是跟朱傳茗老師學的，後來也曾請教姚傳薌老師。之後雪雯老師又根據姚老師的教法重新捏戲，像唱到「一丟丟榆莢錢」時，改變了扇子的拿法，營造出「一丟丟」的形象感。或者唱到「恰恰生生抱咱去眠」時，杜麗娘拖著水袖緩緩蹲下，輕輕翻轉水袖，以收起的扇子撐在頰邊做假寐樣，都是雪雯老師自己的創作。（參見楊筠圃：〈周雪雯老師《思凡》、〈尋夢〉教學記錄〉，國光電子報一三七期。）又如《思凡》的「正青春被師傅削去了頭髮」，唱到「削去」，手拿雲帚往頭上一掃，左手把帚尾捏過來，把倒過來的雲帚當作被削下來的頭髮，眼睛一邊左中右三看，一邊略帶惋惜地看這這撮「頭髮」，然後在「髮」字最後的音再把雲帚拋向左前方，簡直像極了削落的頭髮被拋出去，眼神無限心疼。（參見樂師：〈周雪雯老師的思凡〉，二〇一一年三月九日。引自https://www.douban.com/note/138693342/。）雖然是傳統折子，但這些都是雪雯老師的巧妙設計，至於擔任蘭庭崑劇團「明皇幸蜀圖——經典崑劇《長生殿》」的藝術指導和身段設計時，更重塑崑曲版〈貴妃醉酒〉，使崑劇經典表演得以重新面世。本書對於如何重塑的過程，有清楚的紀錄。

此外，雪雯老師能針對每位學生不同的特質因材施教，例如她提出教珈后《絮閣》，珈后高佻，有貴妃的貴氣與驕態，適合這角色；更主要的是《絮閣》高低音跨越極大，可以把嗓音練得高下自如而不至於扁細。雪雯老師教詩雅〈尋夢〉，詩雅嗓音極好，「怎麼唱怎麼有」，缺點是臉上沒戲，身上較板實，雪雯老師教她〈尋夢〉，不只是練扇子、不只是身段，更是那沉湎於夢中歡會的嬌羞情態，以及夢魂難追的迷濛悵惘神色。心怡、孟純、珈羚三位都是武旦，平日很少唱，雪雯老師選擇《思凡》教學，希望透過崑曲的規範，日後能往武戲文唱的方向邁進。是這樣的體貼入微因材施教，難怪國光的旦角一聽雪雯老師來了，總是興奮雀躍。

這本書完整記錄了周雪雯老師的藝術和教學生涯。雪雯老師畢業於上海戲曲學校，即首屆崑大班，師承朱傳茗、方傳芸老師，正副校長是俞振飛、言慧珠夫婦。還沒有畢業即擔任朱傳茗老師助教，輔導崑二班的專業學習。一九六二年調至杭州浙江崑劇團，十年文革後，浙崑招收學員在團裡培訓，即由雪雯老師擔任主教。教學足跡由浙江走到江蘇、湖南、福建、香港、臺灣，劇種跨越越劇、粵劇、錫劇、婺劇、紹劇、京劇，培養出許多尖子人才，崑五班的蔣珂即是雪雯老師學生，錢熠還特別把老師邀請到美國教〈尋夢〉。

二〇〇六年開始老師與臺灣結緣，先由蘭庭崑劇團王志萍團長邀請來臺，擔任蘭庭小全本《獅吼記》、《蘭庭六記》以及《長生殿》的藝術指導和身段設計，雪雯老師重塑了崑曲的《貴妃醉酒》。而後臺崑由郭勝芳主演的小全本《琵琶記》，復興（臺灣京崑劇團）由曾永義老師編劇、朱民玲主演的《孟姜女》、《楊妃夢》、《蔡文姬》等，都是雪雯老師指導，國光劇團也多次邀請老師來教經典折子戲。本書細膩寫出了雪雯老師教學的成果，等於記錄了臺灣幾個崑劇團的演出劇目以及表演特色。同時更有嚴謹的史料價值，因為雪雯老師不僅親炙於朱傳茗，還擔任助教，所以書中把這位傳字輩重要崑曲代表性人物的藝術特質，也做了清晰紀錄。而我很榮幸趁寫序之便先睹為快，甚至還看到了雪雯老師的手稿，娟秀字跡流露的是對藝術的堅持和對學生的情感。雪雯老師常說，她的朋友們常問她為何不辭辛勞風塵僕僕往返奔波來臺教學，雪雯老師說：「這份感情，是長期培養起來的，人生難得有這種相知，雖然辛苦，卻值得。」

這是一本當代崑曲教學重要史料，除了教學過程的史料價值，更可讀出崑曲與臺灣千載難逢的情緣。祝賀本書出版，感謝雪雯老師和所有為本書付出心血的朋友。

推薦序

FOREWORD

熱愛崑曲藝術與學生的款款深情

岳美緹（中國戲劇梅花獎獲得者）

崑曲人責無旁貸的使命和職責是「承上啟下，薪火相傳。」從小老師對我們的關愛和嚴厲，就是在課堂上的一招一式；抬著膀子耗時間，不到點圓場不准停下來！通過幾年肢體、形體的訓練，便是達到了「脫胎換骨」的一天。「啟蒙教育」對崑曲演員尤為重要，所謂的「運氣」就是能遇到一位好老師。「師父領進門，修身在自身。」師父在領進門的同時，已經把該如何修身的道理，路徑都告訴你了，因此，老師在我們一生中影響是極為深遠的！

雪雯是我六十多年的同學，我們更是同年月日生的好姊妹！記得廿歲那年，我們班五位同年月生的花仙子做了一次「百歲大壽」，轉眼已都是老人了。我們情誼深厚，不僅同窗，連同她先生、兒子都是我們崑曲的同仁。

雪雯是性情中人，對人對事熱情、率真。學生時代她是大家的開心果，她會講俏皮話，又會模仿人。記得進學校第一次看老師演出〈斷橋〉，朱傳茗老師演的白娘子，上身打的腰包裙，大概沒有繫緊，一直在往下滑，他不時地隱晦運用雙手拉住，這便成了以後學生們逗樂的事；雪雯學得最像，聚在一起時，大家就起鬨叫她「再來一次！」邊看邊笑得前俯後仰。

她也是老師的好幫手，在臨近畢業前，她就開始做朱傳茗老師的助教，老師要替大班學生排畢業演出劇目，她就給崑二班學妹上課，可說是名副其實的「小老師」了。

得知雪雯要出一本教學心得的書，我非常高興！想必是在學術的鼓動和督促之下，千呼萬喚，她終於成書了！這些年來，我的老同學們都在努力總結藝術甘苦的心得，每年都有書籍問世，這是為崑曲表演留下實實在在的寶貴經驗，雪雯一定要我寫個序，我欣然接受，她的這份心血結晶，亦是崑曲長河中得來不易的一份財寶。

戲曲教育的特殊性，一直是師父延續「口傳心授」的方法，而每位師父的方法不盡相同。雪雯的經驗是「從簡到繁，從淺入深」；她對啟蒙教育的要求是：「每一招一式，一步一姿，像寫正楷一樣，一筆一劃、一撇一捺，規矩、方正」，幾十年來她用「規矩、方正」來給學生打基礎。不要求你學得快，學得多，而是一錘一錘，千錘百鍊把臺步、圓場、水袖、身架練好，再進入基礎戲的訓練。但凡有經驗的演員都會認識到，基礎不夠的話，走到一定階段就遇到瓶頸！在不少年輕演員身上也可以看到，一旦基礎不好便會長時間地滯留在原地不動，而長久的不動，只會使信心越來越動搖，以至於到了走不下去的地步，最後改行。

我非常欣賞雪雯作為一個老師對學生一視同仁的態度，「不能輕視弱者，棄之不管；可能會出現後來居上的好苗子！」這不盡的眼光，是為人師表的人品。她沒有「嚴師」的架子，對學生像朋友、家小一樣親切，向她求教求學的人太多了，優秀演員也不少，經她的指點都有很大長進。她的書不僅僅只是她教學的心得、經驗，同時也是她傳達她一生熱愛崑曲藝術、熱愛學生的那份款款深情。

推薦序

FOREWORD

以傳承為己任

陳彬（水磨曲集崑劇團負責人兼藝術總監）

二〇〇〇年元月至四月，水磨曲集崑劇團舉辦「第三期旦角組崑曲表演研習進修計劃」，邀請周雪雯老師來團上課，雪雯老師帶來了《幽閨記．拜月》、《焚香記．陽告》和《雷峰塔．水鬥》三折戲，涵蓋了旦行的閨門、貼旦、正旦等不同家門。〈水鬥〉是縮簡版，不待「開打」，到青兒傳令水漫金山就結束了，只沾了一點刀馬旦的邊，但卻也夠雪雯老師辛苦的了。

雪雯老師個性活潑開朗，一上課就給我們的團員取了綽號，諸如「苗苗」、「瑩瑩」、「珊珊」、「千千」……等，由她那銀鈴般的聲音叫出來，格外親切，霎時間消融了陌異之感，大家就好像多年老友一樣熱絡了起來。

雪雯老師是上海市戲曲學校首屆崑曲演員班的學生，同班人之中，不少知名的演員如今仍活躍於舞臺上，她的同窗說班上許多同學的綽號都是她取的，像蘿蔔頭、歪頭、大塊頭、鴨頭、石喇頭等「頭字輩」的，還有貓娘等，甚至曲牌【朝天子】也用來做同學的綽號。她自己則是金睛魚，每個綽號都有解說，聽來令人發噱，想必在校時也是夠調皮的，但也由此可見她的頭腦靈活。

雪雯老師受教於朱傳茗等傳字輩老師，又被朱傳茗先生委以助教之職，幫忙輔導第二屆的師弟妹們。在教學相長的環境下，更深入的熟悉了崑曲表演程式，戲校畢業之後，她致力於教學及傳承的工作，希望能把朱傳茗先生的表演特色發揚光大。教學日久，老師也為了因應不同劇種及學習者，開始自製教材，便於學生吸收、記憶。

這十多年來，雪雯老師不但傳授傳統劇目，也幫忙蘭庭崑劇團和臺灣京崑劇團等戲曲團體編排新創劇目，她的聲音甜亮、身段優美，教學認真，解說、示範細膩，加上在校時扎實的基本功和本身靈動的思路，不但使得劇目更加活化，也使演員得以大幅提升。

文字可以表達很多東西，但是在描述聲音和動作方面，是很不容易寫清楚的。雪雯老師以深入淺出的筆法，流暢的寫出崑曲的表演方法，更寫出基本身訓的重點，不論是初學者或已有經驗的演員，都能從中汲取養分，充實自己。

熟悉雪雯老師的人都知道她已是坐七望八的年齡，但看起來僅如五十許，願她青春永駐，繼續為崑曲和其他劇種培育更多的人才。

推薦序
FOREWORD

冰雪聰明、文華光燦——崑劇教育家周雪雯老師

王志萍（蘭庭崑劇團團長、藝術總監）

周雪雯老師，當代崑劇教育名家，獻身「旦角表演藝術」教學五十寒暑，為兩岸三地戲曲界作育英才無數！

上海戲校畢業的周老師，師從傳字輩大師朱傳茗、方傳芸先生，是上海戲校崑大班的優秀學員。在校期間，曾得到言慧珠老師的指教，並在舞臺演出中為她配演花神、宮女等，因此受到她表演上的薰陶。更由於冰雪聰明，對旦角表演有超凡的「靈氣」與「悟性」，雪雯老師是朱傳茗大師鍾愛的入室弟子，在校期間即擔任起助教的工作，奠定其日後投入戲曲教育工作的基石。

一九六三年雪雯老師調至浙江崑劇團擔任演員與教師，後與浙崑名末張世錚老師結為連理，夫妻兩人：一位專注舞臺演出兼治曲牌音樂、一位則全心投入幕後教學工作，夫唱婦隨的崑劇家庭裡，還培養出上海戲校崑三班，現任上海崑劇團副團長的張咏亮先生，在崑曲界，傳為美談！

雪雯老師教學經驗豐富，多有心得！除了崑劇，她還多次受聘擔任越劇、京劇、婺劇、粵劇……之身段指導與主排工作，是許多優秀戲曲演員的啟蒙老師（如：浙崑張志紅、邢金沙等）、欲求精進藝術造詣者（如：婺劇周躍英、粵劇蘇春梅……）的最佳導師。在傳承經典崑劇方面，她能戲頗多，且「記性」奇佳！許多親身傳習過或觀摩過的劇目，她都能娓娓傳述表演細節。因為同學情深，「文革」後曾經協助上崑名角華文漪老師一起恢復傳統折子戲〈百花贈劍〉！有關這一份難能可貴的「天賦」，雪雯老師謙虛的說：「這是因為我一直在教學崗位，經常傳授經典劇目，為了指導不同資質特性的學生，我必須將之澈底消化、分析比較，所以不容易忘啊！」

也由於她的冰雪聰明，加上因傳承老戲所打下的厚實底蘊，讓她對劇本、人物有深刻的見解與詮釋的角度，「為新編戲創作表演典範」也就成了她的另一專長。雪雯老師經常說：「崑劇的表演有嚴格的『規範』！不是毫無章法地隨意胡行，是透過手眼身法步的基本功練習，透過行當中各家門累積沉澱的表演特質，透過吐字行腔、音色音線的細膩追求所創造出來的！」換句話說，表演奠基於經典傳留下來的「規範」，當代再透過「表演」來創造人物，成就新經典！「傳統」與「再創」在崑劇的舞臺上始終是攜手並行的！

我和雪雯老師相識於二〇〇三年，猶記初結緣時，跟隨老師學習《牡丹亭・尋夢》，驚豔於老師以優美的身段與豐富的眼神塑造劇中人物的功力！對於出身曲社、自幼習舞、從事藝術理論教學、曾專業演出舞臺劇的我來說，這次學習〈尋夢〉的經驗，讓我對眼前這一位身形嬌小卻有著無比表演能量的雪雯老師，佩服得五體投地！此後經年，陸續邀請老師來臺傳習指導，而此時的我，為了專心製作，並讓青年演員多所磨練，已鮮少登臺；但即便事務繁忙，也不敢怠忽地陪伴團員在一旁學習、記錄。二〇一一年又邀雪雯老師來臺為蘭庭旦角們授課，成就《崑旦的千種風情》系列演出，不想團員們因京劇團巡演任務在身，無法參與預定的第一輪密集學習，雪雯老師便提議將三個經典劇目：《蝴蝶夢・說親》、《牡丹亭・遊園驚夢》和《鳳凰山・百花贈劍》手把手地傳授給我！經過一個月的密集教學後，雪雯老師返回上海，再經過三個月的自我練習，雪雯師再次來臺展開第二輪的教學，結果成就了二〇一一年的《崑旦的千種風情》：一個王志萍的《閨門旦專場》，和一場其他團員的《名旦大會串》。

對我個人而言，這四個月的排練相當的刻骨銘心！我必須投入三個個性迥異的崑旦人物，細心揣摩雪雯老師對崑旦表演的精華——講究肢體各部位（腰、腿、膝、臀、胸、肩）的靈活互動與協調，以及姿勢擺放的角度、幅度與方位。其中「用腰」與「提氣」可謂塑造旦角身形的法寶！而僅有身形還遠不足夠，人物內心的獨白與情懷，還要透過一雙會說話的眼睛，藉著眼神的收放、緩急、剛柔，增添人物的風采。經過《閨門旦專場》的實戰演練，我這才從理論、審美的認知，「頓悟」出崑劇表演的堂奧並稍能傳達於萬一。然而，這一路學習崑曲的路啊，竟已走了三十三個年頭！讓我如何不感念雪雯老師的用心提攜啊！

自二〇〇五年五月朱惠良、蕭本耀和我發起成立蘭庭崑劇團以來，蘭庭即陸續邀請周雪雯、張世錚老師連袂來臺，擔任蘭庭崑劇團的藝術指導，雪雯老師一人先後便參與了蘭庭年度大戲：二〇〇六小全本《獅吼記》、二〇〇八《蘭庭六記》、二〇〇九故宮新韻：明皇幸蜀圖——經典崑劇《長生殿》身段設計指導、二〇一一～二〇一二《崑旦的千種風情》系列藝術指導、二〇一三小全本《玉簪記》之身段設計指導、二〇一四《又見百變崑生》之旦角藝術指導……等等。期間並多次邀請她來臺，作專業演員之培訓教學，其對臺灣京崑旦角的培養，真是貢獻良多！對蘭庭，在臺推動崑劇傳承、企畫製作專業演出、多次獲獎殊榮、在國際崑壇展露頭角……，可謂居功厥偉！

作為「百戲之母——崑劇」的教育家，雪雯老師以「崑」為本，不僅在崑劇的領域裡播種耕耘，同時她也吸納了不同藝術門類之所長，豐富自己的專業能力，開啟了其他劇種在表演上的視野。五十年來，她以冰雪聰明之資、超絕的悟性與記性、豐富的表演能量，將許多經典劇目傳承了下來。並且精煉各家所長、排比分析、仔細傳授。她愛才惜才，對演員的教育與提攜不遺餘力！身為幕後推手，她把掌聲留給舞臺上一代代的演員，自己隱身於後臺帷幕之後。但我們深知，除卻光鮮亮麗的舞臺世界，崑劇藝術的園地裡，因為她對崑劇藝術之熱愛、傳承的執著與教學創意，早已是桃李滿天下，處處文華光燦！謹以此文，向雪雯師獻上至高的敬意！

壹

周雪雯其人

我畢業於上海戲曲學校，首屆崑大班，師承朱傳茗、方傳芸老師，畢業前在朱傳茗老師手下任助教，輔導崑二班的專業學習。後調至杭州浙江崑劇團。十年文革後，浙江崑劇團招收學員，在團裡培訓（當時稱為學員班）學員，我擔任主教老師，兼義務班主任，主管學員班的教學實排及一系列義務工作。期間，浙江省召開全省藝術交流會，浙崑的學員以基本功訓練的表演形式向大會展示匯報，基本有一臺小戲的演出，一時間非常轟動，省局領導十分滿意，並提出全省文藝界應當向浙崑學習，之後省內各劇團多次組織青年演員送到浙崑學習，我在大會上代表浙崑學員班老師向大會匯報學習事項的發言，此後浙崑在省內為各劇團青年演員舉辦了幾期的培訓班。

由我親自啟蒙教學的有浙崑學員班、杭州市藝術學校的越劇班、無錫市戲曲學校的錫劇班、蘭香藝術學校的婺劇班、紹興市紹劇團的紹劇班、義烏市婺劇團的婺劇班、金華市藝術學校的婺劇班等，亦都為他們培養出了尖子人才。

此外，我以輔導、協助的角色為各校、各團提供藝術指導的單位包括浙江省藝術學校進修越劇班、湖州市越劇團青年演員培訓班、浦江婺劇團學生培訓班、福建省南平市南詞劇團青年演員培訓班、寧波市文藝學校越劇班、寧波市越劇團青年演員培訓班；同時我也為舟山越劇團、湖州越劇團、嵊州越劇團、永嘉崑劇團、溫州甌劇團青年學生培訓、排戲。

赴臺灣教學指導的團體包括蘭庭崑劇團、臺灣崑劇團、臺灣水磨曲集崑劇團、國光劇團青年演員培訓、復興劇校、復興京劇團等排練、教學。

香港地區著名編劇麥嘉，編寫了一本描寫廣東粵劇藝術家紅線女的藝術人生的劇本《一代天驕》，以話劇的形式表演，其中有好幾段要表現紅線女生前在舞臺表演的代表作，這是劇本中的戲中戲，由紅線女的傳人蘇春梅主演，我擔任戲曲指導老師，幫助設計身段和提高表演。

我也曾在上海戲校為崑三班進行短期教學，為崑五班蔣珂排《拜月亭》以參加崑劇節的演出，為蔣珂教〈尋夢〉來提高表演規範，錢熠邀請我去美國為她傳授〈尋夢〉。

入學經歷和校園生活

想起學校生活，第一個蹦入腦海的印象就是，老師常拿個醒木，學生總是唱曲時唱著唱著，唱到後來就打起瞌睡，老師就拍一下，拍一下，醒一醒。想起來，那時真是受罪啊，所以我現在教學時老是想到，以前老師是多麼耐心的對待我們，所以我也要耐心的對待學生。

我們第一次看崑曲，就是由我們老師主演——朱傳茗老師跟張傳芳老師的〈斷橋〉，這件事在岳美緹的文章裡有寫，我們看了回去就拚命學；然後方傳芸、王傳鑑老師的〈擋馬〉，看來很滑稽，不知道看什麼東西，唱得很難聽，不懂聽什麼。我們小時候只懂得越劇、紹興戲，崑曲卻從來沒聽過，京劇好像還聽過一點。那時進戲校時不懂，總以為是跳舞的，因為來報考並不是出於我的意願，而是我的爸爸一定要求我去考，但我其實對於崑曲全然沒有一點瞭解，只因為我爸爸有一些文化涵養，他覺得學習崑曲是一件很有意義、很好的事情。在學校裡，同學之間也有些人是因為自己喜歡，也有些人跟我一樣，是家長讓他來報考，但大家都懵懵懂懂，初來乍到，怯生生地，到了學校要寄宿，第一天大家睡在一起不習慣，講起家來就淚漣漣，還記得有個同學老是一邊哭一邊叫媽媽，說著要回去。可是一晃眼也幾十年了，時間和學習就這麼過來了，想起來很像是大事，但如今已經是生命中的一脈，白駒過隙，人生就是這樣。

我當年學習的校園位在華山路一四四四號。那是一條安靜而整潔的街道。籬笆牆圍著的一扇黑色大門內，距離一百米左右的前方，有一幢淺黃色粉牆的洋樓，正是當年上海市戲曲學校的前身，華東戲曲研究院，崑曲演員訓練班的所在地。父親帶領我在此報了名，當時年僅十三歲。

過了幾天，開始了考試。先是初試，在一樓的大廳裡坐著一排老師，先讓我報上姓名，然後有一位老師過來，測量我的身高，抬抬我的腿，叫我唱了一首歌，又跳了一支舞，就過關了。初試及格後，我就去參加複試，考試的項目要比初試多，測試腰腿的柔軟度、耳音的聽覺，還有記憶力。用一塊布蓋在上面，掀開後裡面放有十幾件小東西，如一串鑰匙、一枝鉛筆、一塊橡皮、一只手錶等，在幾秒鐘內，讓我看清楚，並記住裡面的物件，然後又把布覆蓋好，讓我背出裡面擺放的東西，因年少記性好，大部分能背出來。再聽節奏，有一位老師手裡拿著一根短棒（其實是鼓籤子），在桌面上有節奏地敲打幾下，停頓後讓我模仿他敲打的節奏，接著又重複幾次敲出長短不同的節奏，模仿測試也基本過關。再接著換了一位身材瘦瘦高高的男老師，他在我面前用雙手指來指去，讓我跟著學，然後讓我自己做，之後這位老師讓我表演小品，他出題說，你在路上走，忽然一個瘋子擋住你的去路，你怎麼辦？我聽了之後，當時的表情是嚇得跳了起來，慌慌張張的東竄西跑躲來躲去的哭了，只聽得坐在位子上的老師們發出笑聲。高個子的老師就說：好了，停下來。這裡是我在考試中記憶最深的一幕。

接到錄取通知書，是一九五四年二月下旬的春天。氣候開始回暖，父親陪著我去註冊報到，我興高彩烈開心得跳跳蹦蹦，心想以後可以長年的唱歌跳舞了，走進一樓洋房大廳，就是我考試的地方，裡面擠滿了男男女女的少年朋友，各個五官端正，活潑可愛，嘰嘰喳喳的十分熱鬧，一派生機勃勃的景象。我們女生被安排在洋房二樓朝南的房間，宿舍內整齊的排放著高低鋪的木板床位，床架上方貼有每個人的名字，各自在家長的陪同下，整理自己的鋪位。生活和思想上有班主任管理，另外還編配了兩位阿姨，專門照顧我們的生活起居（周阿姨、黃阿姨），別開生面的校園生活從此開始。大家都感到很新鮮，嘻嘻哈哈，說說笑笑，彼此互通姓名、交換吃的零食，開心極了。當天夜晚，大家還在宿舍的床上鬧的時候，黃阿姨進房間說：同學們快睡覺該熄燈了，霎時房內一片漆黑，待靜下來之後，大家有些想家了，有的同學開始在床上嗚嗚的哭起來，並喊著我要回家、我要我媽媽，瞬間大家的情緒都受到影響，由笑轉為哭，有的同學也跟著哭，也要回家，黃阿姨再三的哄：不要哭了，快睡吧，過幾天就可以回家見媽媽了。才慢慢地平靜下來，不久都睡了。

第二天一早，起床鈴響了，我們還沉睡在夢鄉裡，黃阿姨大聲呼叫：同學們快起床，要上課了！喊醒之後，有的同學坐在床上說我不會梳頭，又開始哭了。之後每天互相要幫忙梳頭、編辮子，生活上的一切都自理，慢慢地從頭學起。

剛開始的幾天，尚未進入正規學習，只是早上練功壓腿、踢腿拿頂這些基本訓練，然後在教室裡聽老師、班主任講學校的規章制度，學習和生活守則，嚴明紀律，教導我們要尊敬老師，團結友愛，熱愛勞動、愛護公物等等的品德行為教育，我們學的第一首歌是和平歌，這讓我們少年的心靈注入守護和平的信念，這首歌是一位音樂老師辛清華老師教唱的。他一遍又一遍的教，我們一遍遍的學唱，我們學得快樂認真，每當老師讓我們分男女二聲部唱的時候，我特別高興帶勁，高昂嘹亮的歌聲傳遍校園每個角落。前幾年上海崑劇團為崑大班舉辦紀念一甲子活動中，我們聚集一堂，回首當年，又重拾這首和平歌。

劉異龍師哥興致勃勃、激動地站在椅子上，揮動雙臂用力指揮大家齊聲高歌，兒時童聲如今都變得鏗鏘有力，歌聲凝聚一甲子同窗情，喚起了對老師的感恩懷念。

開學典禮由我們的校長周璣璋作動員報告，周校長是部隊出身的南下幹部，他用部隊的紀律貫徹於學校的管理，對我們的教育既嚴格，又關心愛護。他語重心長的說，同學們是新中國第一代的崑曲接班人，要勤學苦練，刻苦奮鬥，一定要接好這個班。做又紅又專（德藝雙馨）、德智體全面發展的好演員。每句話我們都牢牢的銘記在心，並且付之於實際行動。

接著辛清華老師指揮我們排著隊伍，高唱和平歌，那天我們唱得特別賣力，在座的老師們各個笑容滿面、點頭拍掌，接下來有老師做示範展演，崑曲折子劇目：〈擋馬〉、〈斷橋〉、〈醉皂〉。〈擋馬〉由方傳芸、汪傳鈴兩位老師主演，〈斷橋〉由朱傳茗、沈傳芷、張傳芳三位老師主演。〈醉皂〉由華傳浩老師主演。崑曲第一次進入我們的視覺，既聽不懂又看不懂，〈擋馬〉只是看臺上兩個人打來打去，不明白在做什麼，也不知道為什麼。〈醉皂〉裡的那個人，在臺上跌跌撞撞、走來走去，也不知道為什麼。〈斷橋〉裡的白娘娘一出場，我們在座的幾個女同學低聲說，這個白娘娘就是我們考試時做示範動作的老師，他是又高又瘦，而扮演許仙和小青的則是又圓又胖。只見那高個子的老師一會兒做肚痛狀，一會兒又去追趕許仙，不料身上穿的裙子掉落下來，他在唱做時，不時在拉裙子，引得我們捧腹大笑，回宿舍後大家開始模仿，有的同學把自己的床單圍在腰上，雙手做肚痛狀，一邊做一邊拉裙子，我也在其中一起做，宿舍裡一片笑聲。崑曲是什麼，誰也不懂。後來才知道，這位又高又瘦的白娘娘，日後是引領我學崑曲，邁步走向藝術殿堂的老師，朱傳茗。

《長生殿》的〈定情賜盒〉，是我們學崑曲的開蒙曲，當時男生女生合併分成幾個大組一起學唱。老師坐在首席，我們拿著劇本圍桌而坐，老師桌前放著劇本、一支笛子，一塊小方形醒木。教唱前先規範崑曲的咬字、氣口、板眼，然後開始一板三眼的指導教唱。〈定情〉中的同場曲，【念奴嬌序】是最難唱的，它是贈板曲，拖音很長，唱著唱著眼睛就會合攏來睡著了，老師見此情況，用醒木在桌上用力一敲，瞌睡就嚇跑了，這塊醒木真管用，既能打節奏，打板眼，又是能驅逐瞌睡的好道具。

看教我們這些一竅不通的學生，好比在拓荒一般，老師們真的很辛苦，他們不厭其煩反反覆覆耐心的為我們拍曲、擫笛，總算把〈定情賜盒〉的所有唱腔全部學會。這初學崑曲艱難的情景記憶猶新，所以我在培訓浙江崑劇團的學員時，學習唱腔用散曲同場曲的〈詠花〉作為啟蒙的唱曲。因為它內容簡單，唱詞易懂，歌頌一年四季，每月花開不同以及每種花不同的嬌美和各自的品性，唱腔的節奏明快琅琅上口，是一首歡快悅耳的動聽北曲，學生在輕鬆愉快的唱曲中，很快學完，大家各自展放其歌喉。

我們學完〈定情賜盒〉的唱腔後，又接著學唱《浣紗記》〈打圍〉的同場曲，之後開始學習崑曲表演了。〈定情賜盒〉是我們的啟蒙戲，男女生一同學習這齣戲，男生全部唱唐明皇，由沈傳芷老師主教，女生全部跟著朱傳茗老師學習楊貴妃。

學校為了配合我們學習〈定情賜盒〉這齣戲，特別設置課程請教研組的有關老師，為我們解讀白居易的〈長恨歌〉，但是我們這些年僅十二三歲的懵懂少年，有幾個能專心聽講。再說當年的我們與外界接觸甚少，封閉的年代沒有電視電腦、手機網路這些訊息的傳遞，頭腦相當簡單，對學習排戲尚未開竅，只是一邊唱一邊跟著朱老師依樣畫葫蘆的學，因為什麼都不懂，所以我感到很吃力，學得很拘謹，很不踏實，在老師的耐心教導下，總算是把戲的輪廓外型學會了。每一隊的唐明皇和楊貴妃的表演都和老師們做了匯報考試。

學習好《浣紗記》的排練後，老師們就給我們分行當歸組學習。我被分配在朱傳茗老師的組內學習閨門旦、正旦，歸行後的第一齣戲是學習〈思凡〉。萬事開頭難，在學唱的過程中，【山坡羊】的唱腔頭幾句有點難學，譬如削去了頭髮，這「頭髮」兩字的拖腔很長，比較難掌握，但有了〈定情〉唱腔的基礎，學後面幾段曲子，流程就快了，在學習〈思凡〉的表演時，自己的心情就較為放鬆，對小尼姑意欲逃下山去的動機和心態有點理解，所以在做工上稍微有些表情。〈思凡〉的臺詞淺而易懂，由此我把它做為教學的啟蒙戲。

崑曲的〈斷橋〉也是閨門旦的必修課之一，朱老師教〈斷橋〉時，我對小青的表演還有點興趣，比較爽快，可是白娘娘的感情一時也理解不了，在身段方面，既要做腹痛的表情和動作，又要捧著肚子表現步履艱難，覺得難為情而不敢做。有一次在課堂上，輪到我排白娘娘，開始很認真，可是唱到【玉交枝】後面有一段，「誰知今朝絕恩情，教人不覺添悲哽」時，白娘娘滑踢在地，再起來時，抬頭望向朱老師的表情，腦海裡想起開學典禮上，朱老師在表演白娘娘時腰裙滑落的情景，不禁失聲笑了出來。此時朱老師發火了，很嚴肅的訓斥我：有什麼好笑的？上課排戲這麼不認真，以後還要學嗎？我嚇得低下頭去不敢出聲，以後再也不敢如此放肆了。

在向朱老師學習閨門旦的同時，我和蔡瑤銑、黃美雲三人又向王傳蕖老師學習正旦戲，〈癡夢〉和〈剪髮〉、〈賣髮〉。在學習的過程中，王老師教的表演和身段，多方面我們都適應不了教學的模式，方法和要求都和朱老師不一樣，所以學習的興趣就減退了。由於王老師的身體不好，有嚴重的氣喘病，後來不參與教學，在學校做其他事情，後來一直跟隨朱老師學習閨門旦，也學習了一些正旦戲，〈蘆林〉、〈陽告〉、〈評雪辨蹤〉，全是朱老師親授。

我從小性格比較活躍開朗，好動不愛靜，所以很羨慕花旦組蹦蹦跳跳輕鬆活潑，對學習閨門旦、正旦的興趣不高。因為覺得閨門旦的表演太難了，而且要和小生搭檔，扭扭捏捏、眉來眼去實在不喜歡，尤其要和小生手牽手，非常的難為情，早在排練〈定情賜盒〉【古輪臺】的下金堂時，我根本不敢把眼睛看對方，而是低著頭不知所措，使得學習正旦的劇目，總是愁眉苦臉、哭哭啼啼，這與我的性格也不符合，所以也不喜歡。

後來隨著年齡增長，在學習中慢慢的懂事，對戲中的人物會思索、考慮、分析、體會，從不喜歡這兩個行當，開始接受直到熱愛，並努力的為它深耕播種，開花結果。

在周校長的領導下，學校對我們的生活和學習無微不至的關愛，享受著優厚的待遇，吃穿都是學校供應，冬服夏衣，冬天棉大衣、棉襖、泥褲，夏天花襯衣、裙子，甚至連女孩子們紮辮子時配戴的小蝴蝶結無一不具。連練功褲服都製作得很精細，像是女生的練功服，胸前都別出心裁的繡上了花朵和娃娃。第一學年時，為緩解我們緊張的學習，每週六晚上班主任把我們組織起來，開聯歡晚會，讓同學們自告奮勇，在聯歡會上唱歌跳舞，有的同學唱越劇、有的唱滬劇、有的朗誦、有的講故事等等，最開心的是聯歡會上，學校發給每個人一袋糖果餅乾，大家邊看邊吃，不亦樂乎。

學校還經常組織我們去劇場觀摩學習，只要有好戲，不論是本地的劇團、外地來滬演出的劇團，都讓我們去學習觀摩。老師們在學校預訂了三輪車，當我們跨出校門，十幾輛三輪車已經排列成隊伍在等候我們。大家穿著漂亮整齊的校服，每四人乘坐一輛車，兩個同學坐在下面，兩個坐在同學的腿上，下面的同學抱著坐在上面的同學，高高興興的向劇場出發。周圍的居民一看就知道，這是戲校的娃娃，多麼幸福啊！

外地來滬演出的劇團，學校還組織同學們去學習，如川劇的扇子很有特色，崑大班每組派代表學習川扇，有幸我也是去學習的成員之一，學習川扇的動作對我後來的教學和排練有著很大的幫助，我編排的折扇組合動作裡，吸收了不少川扇的動作，在演變過程中，改變原先的風格和節奏，融合了崑曲的柔和優雅，使之具有崑味，變成崑曲折扇的教材。

華東戲曲匯演，除了京劇還有各地方劇種，每臺戲幾乎都讓我們去觀摩學習，有時觀摩日夜兩場戲，學校就派廚房的員工把熱呼呼的肉包子送到劇場給我們用餐，記憶中，當時觀看了梅蘭芳先生的《貴妃醉酒》、《宇宙鋒》、《霸王別姬》等，還有活武松蓋叫天先生的《惡虎村》、《蜈蚣嶺》、周信芳先生的《打漁殺家》、童芷苓先生的《樊江關》等等。學校讓我們多看多學、開闊眼界，用心學習前輩的藝術本領，將來當一個人民的好演員。可是當年因為年紀小，領會不了藝術家的菁英風采，只是看熱鬧後，同學間爭相又是一番模仿嬉鬧，但至少起到激勵我們用功努力的作用，今天回想起來，也是一番風景，聊備一格。

我們的周校長，他廣納賢才，把技藝高超的老師都引進學校。當年我們戲校的學習條件在硬體設備上都很簡陋，教室、練功房、宿舍都沒有冷暖空調，三九嚴寒的練功房內，放了兩個煤炭爐供暖，門上掛著棉胎和門簾抵擋寒風，夏季練功房內也沒有電風扇，這些硬體雖然很弱，但我們沒有叫苦，學習的勁頭很強、很勤奮，因為教導我們的老先生們對我們都是格外用心、格外關照。無論是武功老師、身訓老師、傳字輩老師，他們的技藝好、為人正氣，待學生和藹，從不訓斥或者打罵體罰我們，在我心中，一直記著一位教我們身訓的啟蒙老師沈楓，這位男老師他是京劇武旦出身，功架非常好、身段動作漂亮，圓場走得飄然，真正像行雲流水似的，他總是和氣耐心，我們所學的形體武功都是由他傳授，起霸、趟馬、走邊、刀、槍、劍、把子，包括圓場都是由他傳授。我們在這些老師的優質哺育滋養下，可謂受益終身。

在道德教育方面，學校也十分重視，沒有班主任下批條同意，同學一律不許出校門，在學校內必須穿練功褲服、不准恣意打扮，要禮貌對待學校內的工作人員，見到清潔人員和廚房員工等等，都要叫阿姨、叔叔，教室和練功房貼著勤學苦練、刻苦奮鬥，臺上一分鐘，臺下十年功。尊師愛友，團結互助，講話有禮貌、做品德高尚的人等等，我們就在樹人、育人的嚴格教育下成長，校風一派正氣。

回想當年學校招收崑二班，朱老師上課忙不過來請我當他的助教，跟隨他在課堂上幫助學妹訓練，開始很高興、也很光榮能和老師在一起教學，大約過了半年以後，有一天老師對我說，雪雯，以後你就當老師，用心把學生教好，這副擔子就交給你了。我聽了這些話，心裡很難過，我不想當老師，我要和同學們一起在舞臺上演出，一起在舞臺上發光發熱，我跑去找沈傳芷老師和鄭傳鑑老師，在兩位老師面前一邊哭、一邊訴苦，希望兩位老師能和朱傳茗老師說說情，不要讓我當老師。怎麼料到，兩位老師聽了之後笑咪咪的告訴我，傳茗的想法和做法是對的。舞臺上要有演員，而演員永遠來自老師的培育，沒有好的老師，演員的一身本領又從哪裡來？兩位老師哄著我，要我不要鬧情緒。

這些話今日想來是極其有理的，但當時哪裡聽得下去，那時的我，心裡始終不能快活，腦子裡只想到，以後我只能看同學在臺上演出，掌聲和鮮花都不屬於我的了，當老師的，只能在幕後默默無聞，心中的滋味真是難受。

人生的旅程伴隨著生活，學習而成長，經風雨、見世面、多磨練才會變得懂事而成熟。佛家常宣說的廣種福田，那麼梨園耕耘播種良田的意義約莫也是如此吧！漸漸有所感悟，幾位老師的話也經常在我耳邊迴響，當一位好老師，再對照自心中升起的名利雜念，也有幾分羞慚。有一首歌，對我頗有啟發，歌名就叫〈小草〉。「沒有花香沒有樹高，我是一棵無人知道的小草，從不寂寞、從不煩惱，我的夥伴遍及天涯海角，春風啊春風，你把我吹綠，陽光啊陽光，你把我照耀，河流山川你撫育了我，大地啊、母親，你把我緊緊擁抱。」

許多年來，這首歌彷彿為我的心境而作，小草擁有飲水思源、知恩圖報的美德，它的精神、它的胸懷，它的境界是如此寬闊而坦蕩，小草何嘗去攀比？它不爭名奪利，也不炫耀自己，它不自卑也不氣餒，它始終平靜而歡快，把濃濃的綠意和清涼供給大家。具有人到無求品自高的境界，小草這種虛懷若谷的氣度，無時無刻不激勵我，要無私地為梨園耕耘努力，不論臺前幕後，當演員或作老師，我們同唱一支曲，共舞一首歌，目的都是為了傳播推廣崑曲而努力。

貳

藝術觀點：繼承、創作與教學

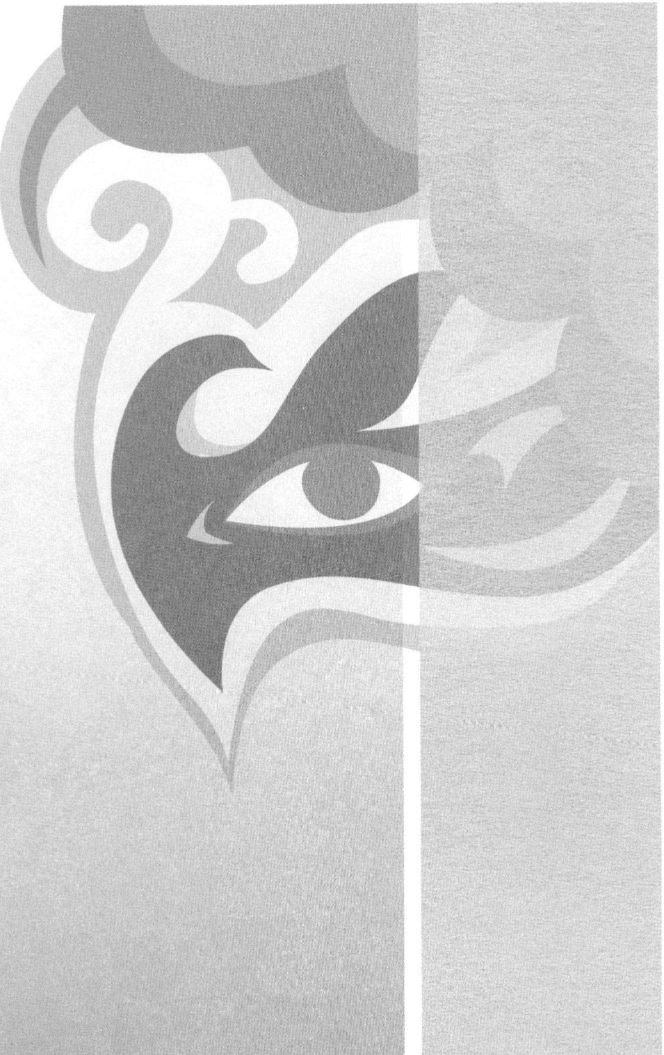

一 繼承傳統折子戲

人物塑造：花繁穠豔楊貴妃

閨門旦是崑劇中最重要的一個行當，同樣是閨門旦，如何塑造與拿捏楊貴妃這個人物？在我們小時候學〈驚變〉時，因為先前已學過〈定情賜盒〉，對歷史背景、人物設定和角色之間的關係有基礎的認識。但到了〈驚變〉這段，比較重要的是「花繁穠豔」和「態懨懨」兩支曲子。「花繁穠豔」一曲要寫景，表演御園中百花盛放，璀璨絢麗，又要表演帝妃恩愛情濃，兩情和諧，既是唐楊情戀中最濃麗的一章，同時也是帝國盛世最後一絲的餘暉，因此，要著意表現。其中，貴妃必須是嬌美而端莊的，並帶有雍容華貴的氣質。手中的扇子在做任何動作時既不能太張揚開闊，也不能過度收斂，要比〈尋夢〉放一點，但又不能像〈尋夢〉這麼細膩，雖然腰也得動，但絕不能過。扇子和眼睛要配合，但不能像〈尋夢〉時那種相對朦朧的眼神，而是要將眼睛亮出來。楊貴妃應該是不吝惜展現她的美豔和雍容，她是東風中唯一怒放的一枝牡丹，群芳之首，一顰一笑都令六宮失色，讓坐擁萬里江山的唐明皇獨獨鍾愛她一人，演員必須要能呈現這種絕世風華才行。因此，我著重用扇子和水袖來體現貴妃萬千寵愛在一身的風采和自信心情。她有點得意，比如像唱「可憐飛燕嬌懶」一句時，就是這種心態。

而到了「態懨懨」則要表演醉態，身段要放軟，表現渾身無力，醉眼矇矇，迷茫四顧中，一剎那卻看到唐明皇了，那種慵懶中帶著百般嬌態的姿態，必須要靠「腰」款款帶出來。表現那種欲起還倒，柔柔款款，綿綿依依的情態，身子想要撐住卻怎麼樣也撐不起來。這時候，演員的形體主要由「腰」來掌控四肢，一直延伸到脖子、肩膀，似鬆實緊，一切以腰為啟動點。最後，實在支持不住的貴妃醉入蘭房，但她明明已經醉得支撐不住了，卻下意識地推開宮女的攙扶，而想要唐明皇來扶，她這是一種「嗲勁」，來自人物所承的無限恩澤，是帝王的寵愛給了她這樣恣意的嬌勁兒。

〈埋玉〉一折也是傳統既有的，〈密誓〉一折也是。從前〈絮閣〉倒不是閨門旦組的劇目，是張傳芳老師教給花旦組的，張靜嫻老師的路子應該是老底傳下來的，楊貴妃使用腰的幅度比杜麗娘大。但是需要掌控，只是因為貴妃當時吃酒醉了，不能控制，所以幅度可以再大一點。

另外有一個版本是《醉楊妃》，可能是從《綴白裘》裡面整理出來的，可能是多才多藝的朱傳茗老師自己編曲，但這個《醉楊妃》在普及程度上比不過京劇，畢竟梅蘭芳的《貴妃醉酒》太有名。上崑的沈昳麗演過。所以我很擔心，在編蘭庭版〈夜怨〉的時候，會不會也有這種情況？不過演出後來的結果是還好，沒人覺得和京劇雷同或重複。

閨門旦眼神培訓

眼睛是心靈之窗，因此，在演戲方面，眼睛，應該說眼神是非常重要的！眼神可以分做很多種，它有醉眼、仇眼、恨眼、悲眼、喜眼，每種眼神都不一樣的。閨門旦的眼神屬於比較含蓄的，她不像花旦，花旦的眼神是較外放的，比較靈動，花旦必須擁有歡快的眼神；而閨門旦大部分在演才子佳人的情節，在人物設定上是少女、大家閨秀，但不管是哪一種身分都是年輕女性，因此必須表現出含情脈脈的、少女的眼神，比較婉轉、比較纏綿。所以她不能像花旦看到小生時的反應：「唷！這人來了！」她是要比較羞答答的，但又要給對方一點回應，所以她的眼神雖然含羞帶怯，但更重要的是「從心而發」，如果她看到了這個人，覺得他真是漂亮，她就必須是確實「看到」這個人是漂亮的，要從心而發，由衷地從心底覺得他真好看、真漂亮；所以如果演員的心裡沒有東西，沒有所見所感，那他就無法從眼神中傳達出來，所以首先要心中有物，從心而發。

閨門旦的眼神比較難訓練，花旦的眼神就相對比較好訓練，她說：「哎呀！這個東西，那個東西。」花旦比較靈活、靈動；而閨門旦的眼神就不能東動西動，她必須「有收有放」，她即使放也不能放得很大，換言之，她即使是放也要「收」了，不管她是放也好收也好，都要有一種從內心深處閃耀出來的光芒，她要有一種神采，要用這種由衷地、由心而發的神采把戲勾住，把觀眾的目光勾住。這種眼睛確實很難訓練，我的同學中華文漪有最好的眼神；而我們在朱老師的培訓之下，多少可以拿捏、掌握一點，但總沒華文漪那麼靈動、天然。所以，我在訓練學生時，首先第一點是「從心而發，心中有物。」譬如說，我要教他看前方有一個人走過來了，這時「我」就代表「這個人」了，他在指我，我就看他，我慢慢走過去，他就看著我，看著我的眼睛一塊走，我說：「你膽子大一點，你就看著我，知道我是那個人。」就這麼走過來走過去，眼神相隨，眼睛的遠、近就這麼訓練出來了。

所以，綜言之，首先閨門旦的眼神裡，要有凝聚的光，她不能散，要聚攏要集中，但在聚當中又不能瞇；我教他們收，學生一開始總是把眼睛「瞇」起來收，我就會指正他們說：「不對，不能這麼收。」眼眶還要再打開的，打開當中收，而不是把眼皮瞇起來收。他們在訓練時往往滿眼是淚，因為痠啊！眼睛肌肉沒經過這種訓練，一開始練習時會痠，我說：「沒關係的，你經常這麼練習，久了就可以控制了。」下課了我叫他們回到家裡，對著鏡子說話：「你哪裡去？都不曾去。」就對著鏡子說話，不要怕難為情，就對鏡子說。

這種訓練方法，要他們對著鏡子看，要他們把眼睛或收或放，看遠的眼睛千萬不能大，我教學生看遠方，總是說：「這鳥越飛越遠，快飛到天上了，把你這個眼睛放遠，但眼中的光要聚起來。」就是讓他們看遠看近，這是我用的「土方法」。

花旦、正旦眼神

花旦的眼神是外放的、靈活的，而這種行當扮飾的角色都是比較明朗的，除了潘金蓮是有一點放蕩，有一點妖豔；閻惜姣的眼神也是外放的，但在「放」當中，還是有所區隔，閻惜姣的放當中還要帶一點引的味道。而至於小春香呢，她也是放的，但這個放，是帶著明朗的，不是很含蓄的。

如果是演正旦，就要看是哪個人物，比如說〈癡夢〉中的正旦，她的眼神也是放的，她的放是來自一點小市民的情態、境遇：「行路錯，做人差，我被旁人作話靶。」她這種帶點滄桑、自憐自苦的心態，不是小姑娘的心態，這是正旦；到〈潑水〉時她的眼神也是放的，跟小花旦不一樣，〈潑水〉是從「求」到「失落」，眼睛也是放的，不可能收的；到她喊「朱買臣！朱買臣！」那是在表達：「救我回去，我是你老婆啊！」要傳達的是這種眼神。你演哪個角色就是那種眼神，〈癡夢〉和〈潑水〉的眼神又不同；〈癡夢〉是對金錢的追求，生活的享受，但卻求而不得的這種失望。

同樣是正旦，如果在表演趙五娘的時候，就又有區別了。比如《琵琶記》當中的〈南浦〉，就不能太放，在眼神中總是得帶有一種依依不捨的情感，希望丈夫早點回來；但唱到〈描容別墳〉，那就要比〈南浦〉再放一些了，嗓子、動作都要放，唱【三仙橋】的時候，眼睛要帶愁、帶苦、帶悲，因為此時她的心情是：「親人怎麼全都離去了，又有飢荒，我一個人怎麼過日子？」因此在放中，要有愁苦、悽慘的這種眼神。

提到愁苦，特別要強調一下，無論任何人物、任何情感，不能皺眉，我總是一再強調不能皺眉。平時愁眉苦臉無妨，但在舞臺上，凡事要顧及到「美」的塑造。一皺眉就不美啦！即使哭，是用內心情感來啟動來哭，不要皺眉頭。這是我個人想法，我就不喜歡皺眉頭。不皺眉是不要把眉頭鎖起來，雙眉要打開，眼眶也得打開，比如：「喂呀！母親啊！」這較難言傳，表現哭眼的時候，眼尾兩邊要打開，但眼頭要往中間收一點。

朱老師教過一個正旦戲〈蘆林〉，後來張繼青就到上海來學〈蘆林〉，朱老說：「叫雪雯教。」後來張繼青的〈蘆林〉就是我做的助教，她到現在一直記著，她書裡面也寫了，我想那時才小時候，還不懂怎麼教咧，只能依樣畫葫蘆。其實〈蘆林〉這個正旦戲也蠻好的。

〈亭會〉的表演

〈亭會〉的旦歸行閨門旦，但不能完全用閨門旦的含蓄文靜去演，因為謝素秋的身分不同，她是教坊裡的妓女，雖然賣藝不賣身，但她見多識廣，能說會道，人脈很廣。譬如因此，她的表演要帶一點花旦的路子，但不能太風騷，只能要一點點，不能過分。譬如「花稍月影正縱橫。」眼神要有一點飄，這是她的本性，雖然她扮良家女子，言行舉止都盡量顯得莊重一點，但難免會有一兩處露出本色，所以她前兩段的【風入松】、【好姐姐】，她做表上要稍帶「找個好郎君」的意思，可是閨門旦不可能表現出這個樣子的；到了亭子裡，她的精神提振起來了，這時候就要表現得含蓄莊重。所以這個人物是兩面的，輕俏流麗是她的本性，莊重則是裝出來的；所以〈亭會〉雖是以閨門旦應工，但又要跳出閨門旦的表演，帶點花旦的氣質。而保留閨門旦的表演，則是在跟小生碰面的時候。

最早這個戲是周傳瑛老師六二年在蘇州，南北崑交流演出，在蘇州演出了二十七天、二十七場，那時南京的董繼浩跟周傳瑛老師在飯廳裡學的〈亭會〉，那時汪世瑜還小，還沒學，汪老師是以後才學的。〈亭會〉以前在上海教過，沈老師教的小生，以前在學校是由岳美緹和華文漪演的，我們印象中這閨門旦看起來很正經，老想說：「怎這麼怪啊？」華文漪演過，風格上表現得比較正經。但到了張洵澎，她自己學了以後，傳統的東西她不要，她喜歡演出自己的東西，要跳一點，這個人物就趨向了花旦。可這種跳特別要小心，不能跳得太過頭，那也會有「出格」的問題。表現這個人物，要展現出人物在舞臺上的兩面性，小生面前要喬扮得斯文靦腆，自己一人時再把本性露出來。

人物塑造：小尼姑思凡

我們知道〈思凡〉這個戲主要是表現小尼姑追求人間的自由，她小小年紀不想老在這個尼姑庵，她看那些香客、來往的人，很羨慕他們自由自在的生活，後來動了凡心，經也念不下去了，一開始只想散散心，那時她還沒想到要逃走呢！就在這散心時刻，無意走到大殿，看到那些羅漢，那群羅漢雕塑得各種型態，每個都不一樣，看在小尼姑眼裡，像是有的在笑她，有的在說她，她就感覺一旁的長眉大仙笑她：「你這小小年紀的，在這裡要待到什麼時候啊？」這一想她就按捺不住了。這首【哭皇天】在〈思凡〉這折戲中是主曲，因為她在數羅漢的時候，每一尊羅漢都是不一樣的態度，但基本的態度都是笑她：「年紀這麼小，再這樣待下去，耗費青春，該如何是好？」所以她就想：

「我不能在這裡了！」因此她順勢趁今天師父、師兄都不在的時候，趕緊逃下山去，但當下她沒有多想，沒想到後面的生活該怎麼辦，她只是想：「我要脫離這個地方！」想去到人間過「平凡的生活！」然後找一個和她合得來的人一起共同生活，總好過在這裡孤孤單單，整天守著一炷清香，一杯茶的生活，那實在是太單調了！

總的來說，因為她年紀小，思慮不深，如果沒有這些香客來燒香，她也許不會起凡心，但她一天天地看著這些香客成雙成對，穿得漂漂亮亮，光鮮亮麗地到廟裡來，有的求姻緣，有的求生子，一來二去的不免就引得她凡心浮動，所以她到後來通過數羅漢，一邊數一邊想，慢慢地把心打開了，她愈發地感到：「這裡不能待！」因此她逃離下山。

其實前面一開始【頌子】這一段，是在告訴我們要好好地念經，好好地念佛，要像目連一樣救助母親，普渡眾生。可是，她自己每天在庵中，看到的是那些和尚們挑水撿柴，單調而清苦的勞動生活，相反地，那些來進香的遊客，一群人來來去去，多新鮮多熱鬧呀，再想到自己只有一個人，年少青春，空擲歲月，這些一點一點地引發她去數羅漢，去發掘內心的真實想法，到後來決定離開。但她在離開之前，心裡還是有一點惶恐的，可她自己安慰自己：「哪裡有天下園林樹木佛？」因為她在這裡待慣了，想到一下子要到俗世中去，今後的生活會如何？她一點也不知道，佛會不會譴責她？會不會怪她？這是很矛盾的心理，所以她講：「哪裡有枝枝葉葉光明佛？」到處都有佛嗎？最後她還是下定決心逃走了。所以〈思凡〉最重要的還是「數羅漢」給她的觸動；前面是山下小和尚來來往往的鋪墊，他看我，我看他，後面就是數羅漢。

我們學的〈思凡〉很文靜，因為是朱老師演的；另一種是張傳芳老師演的，那是不一樣的路子，我們的路子是比較靜的，就是蔡瑤銑這個路子，基本上也是和我們一樣。後來到我教學的時候，我琢磨，如果按照我們原來的路子，這個小尼姑的心不會這麼浮躁，她很靜的，她待得住啊！我想不能這樣演。張老師那個〈思凡〉雖是比較活躍的，但張老師又有點古板！那些跳躍的東西都沒有，那是梁谷音看了別人的東西後再填進去的，他們以前排練我們也看的，比較平板，當年我們還覺得我們的好，她們的小尼姑不用腰，反而是我們用腰。後來梁谷音演的時候，她用自己那一雙很靈動的眼睛，就把這個〈思凡〉弄活了，一方面她年齡也小，而傳芳老師又胖又大，所以他的動作都是四平八穩，相形之下梁谷音的演出比較靈活，那時眼界也還沒跑開，梁谷音她就根據她自己年輕的本性，用少女的靈動來演繹〈思凡〉，演得很好；慢慢的，梁谷音也開始看川劇等，我也是看到其他類似川劇，加上我自己的想法，再揉合梁谷音的表演；我想我們原來的〈思凡〉是可以學，也可以傳下去，但是放到舞臺上略顯得有點遜色，太過文靜了，不溫不火，不符合劇中人物的年齡，因此我們也開玩笑說：「我們的〈思凡〉是中年的尼姑哩。」看起來比陳妙常還要穩重。

所以後來我教學生〈思凡〉，我想也要讓她跳躍、奔放、熱情、明朗一點，所以有些動作我就自己做變化了，但其根基還是我們老師教的，整個戲的套路還是老師的，只是有些動作是自己重新編排，但我不脫離傳統，我的新編那是以傳統為核心基底，所以有些譬如看的動作，包括後面逃下山的一些動作，我都自己做些改變。無論如何，我都希望這戲能給觀眾帶來可看性。後來教給了國光劇團裡的幾位演員，像是凌嘉臨、蔣孟純，到後來再教林庭瑜，我覺得她們的表演還是有可看性的。凌嘉臨沒演過，她和蔣孟純是在成果展匯報時演的，整體表現很靈動靈活，起碼給她們規範的各方面大部分還可以，林庭瑜那時在戲校裡面，畢業前給她們學這戲提高表演內涵。

創作《焚香記》

朱傳茗老師在排焚香記之前，就排過一折〈王魁〉；文化大革命讓這個劇本全都沒了，他當時把京劇的高撥子拿來編，我現在就記得一兩句唱：「罵一聲王魁……」他編得很好，整個身段都很完整。但經過文化大革命，劇本、曲子都失落了。這折〈王魁〉放在〈陽告〉之前，敫桂英還沒死，這折演的就是罵王魁的這一段。那時老師本想弄全本的《焚香記》，但文化大革命一爆發，什麼都沒有，整件事情就沒有機緣再繼續發展下去，朱傳茗老師、華傳浩老師和其他好多老師，也在文革期間陸續過世了。這種年代就是這麼苦，當初老師們待我們學生就像孩子一樣，我們崑大班的學生一直都很懂得感恩，再苦、再難，我們沒有一個人忘了老師的恩情，所以我們校長說：「崑大班品質好，今後戲校還要辦下去的話，一定還要崑大班。」

崑大班，像是蔡正仁、計鎮華、梁谷音、張銘榮等等，到現在還能夠在舞臺演出，在世界各地教學、傳承崑曲，除了老天眷顧，也是傳字輩老師們在天之靈護佑吧！

崑曲〈陽告〉是以正旦應工，這齣戲是我們在學生時期，由朱傳茗老師親授。他把唱腔的曲譜重新作了些修改，變得非常流暢，富含情致，極為動聽。可惜文革傳統戲恢復之後，朱老師傳授的這個版本，不見搬演於舞臺上。如果失傳，非但痛惜，更對不起老師所花的心血。因此，在去年春季，浙江省藝術學校邀請我去為崑曲班授課，我決定推出〈陽告〉，作為教學劇目，傳承後代。

於是我仔細的回顧、審視劇本，把敫桂英這個人物的特性，重新梳理——她雖屬於正旦行當，但與其他的正旦人物身分有些不同。〈陽告〉原先的舞臺服飾是身穿黑褶子，白裙子，打腰包，頭戴銀泡，這身打扮與〈蘆林〉中的龐氏，從人物的外觀形象，並沒有什麼區別。但是龐氏是良家婦女，她是被婆婆冤為不孝而逐出家門，她一身衣衫襤褸，被迫在蘆林之中，以拾取蘆柴度日，這和敫桂英的背景是很不相同的。敫桂英雖然善良，但她卻是煙花女子，見王魁仕途落魄，窮困潦倒，她仗義搭救相助，天長日久，兩人情意相投，於是桂英就資助他赴京趕考。怎奈王魁得中後忘恩負義，一紙休書將她拋棄。被無端辜負休棄的她愛恨交加，卻又求告無門，走投無路之下，只能去往海神廟告狀。因此，綜言之敫桂英仍然身居青樓，在那種環境下，她依然在習慣上注重裝束打扮，雖不再是往日的花枝招展，但也不會穿得太落魄，況且手中尚有些積蓄，所以對這個女性人物在穿著和頭面的打扮方面，我作了一些改變，著素淡的繡花褶子，白裙，腰繫一條羅帶（即汗巾），包大頭，稍微戴一點簡單的頭飾，我覺得這樣的穿著打扮，是比較符合其身分特徵。

在表演方面，〈陽告〉以前的身段動作並不多，前輩老師說，正旦在崑曲表演中，是所謂的「雌大花面」，以唱取勝。但我覺得〈陽告〉是一個獨角戲，應當是唱做並重，既顯示表演功力，也更具觀賞性。因為聲腔與身段，同屬表現戲中之情，悠揚的歌聲，配以多姿的舞蹈，彼此陪襯，又相互托起，使戲在一浪推一浪的發展中，高潮迭起，精彩紛呈。然而動作必須結合唱腔的詞意與音樂的節奏、節拍來鋪陳，不能只為擺設動作而不顧情節內容，隨便亂做。

〈陽告〉的唱腔，是一套【端正好】的北曲，高亢激昂，悅耳動聽。臺上鑼鼓聲響起，敫桂英在幕後喊一聲：「王魁！」緊接唱：「狠心的賊啊！」這一聲唱表明她敢於抗爭的直率個性，敫桂英右手高舉焚香，疾步登場。接唱曲牌【端正好】、【滾繡球】的唱段。她一邊唱、一邊走，向海神廟前行。這二段曲牌的唱腔，都是散板，唱不好會顯得平直而拖沓，在演唱時一定要掌握好節奏的分寸，具有心板心眼，務必使唱、做的步調，快慢有致。行走途中的表演，以指法、水袖的交替動作進行，訴說她與王魁之間的萍水相逢，以及被遺棄的種種恩怨情仇。一腳跨進寺廟，在抬頭看到海神爺時，疾步衝向神臺，向海神爺遞上王魁所寫的休書，指控他的背信棄義。

緊接著在唱【叨叨令】、【脫布衫】、【小梁州】這一曲連一曲的聲腔中，她開始細訴王魁用謊言欺騙神靈，又將她無情拋棄的罪行，指望通過狀告，能夠得到一個公道。這一唱段圍繞著一個「告」字，演員在表演上邊唱邊舞地向神靈苦求控訴，然而求告了許久，卻發現神靈們竟是無動於衷，於是她開始向海神爺、判官、皂隸們一一懇求。此時，我採取水袖動作的翻、折、抖、揑、起、落以及跪拜叩頭，三番兩次的苦苦哀求，她聲嘶力竭地懇求呼叫，可是神靈們毫無對答，這不理不睬，如此一來，反倒澈底激起她胸中的憤怒怨懟，於是她什麼都不顧，竟然出手擊打神像。

先前我們在學生時期的實踐演出時，是身著腰包，可在「打神」前，先要把腰包解下，捲起水袖，再抽取皂隸棍來打神，這樣舞臺上只有鑼鼓的響聲，整個戲的氣氛全都鬆下來了，可說是冷場了。所以，我現在把腰包取消了，用水袖來貫穿全劇。從打神開始，先雙手耍水袖的腕花，以此表現敫桂英在噴發心中怒恨的火焰，然後對著海神爺，以水袖扑掃、拋擲的動作示意，再用水袖的抽、甩、蓋等身段舞動，分別擊打判官、皂隸。用這些幅度較大的強烈動作，來表現她發洩一腔怒火和憤恨。而「打神」的水袖動作，在表演時一定要講究規範優美，乾淨利索，絕不能凌亂。

敫桂英從告、求到打，表現她怒恨的情緒層層堆疊上推，現在神靈雖然被她打倒了，可是她自己的精神也因此而崩潰，從怒氣沖天，乃至沉落到精疲力盡，無限絕望。她踉踉蹌蹌，昏昏沉沉的跌倒在神桌下面。廟內周圍一片寂靜孤冷，突然耳邊隱隱約約地傳來孤雁淒淒厲厲的啼叫聲，把她從似昏似睡的悲怨中喚醒。她承受著情感上的創痛，用低沉微弱的聲音，唱出曲牌【滿庭芳】的唱段。她一邊唱，一邊掙扎著疲憊的身體，慢慢的從地面支撐起來，用迷茫而無神的眼睛，聞聲尋找孤雁的去向。此時，斷雁叫西風，她深切地感覺到自己也如同那失群的孤雁一樣，淒苦、孤獨、無依無助。【滿庭芳】是〈陽告〉的主曲，在聲腔上要唱出輕重、快慢，似訴如泣的節奏起伏，來宣洩人物的內心淒苦與悲涼。在表演上則須著重於感情神韻的傳遞，動作不宜太多，要使整個舞臺靜下來，營造出陰冷沉靜的情和境，是一股「只見新人笑，不見舊人哭」的悲痛欲絕。她如今是無家可歸，無路可走，擺在她面前唯有死路一條。

原本在唱完【滿庭芳】、【上小樓】之後，就念一句白口：「事到如今，唯有一死」。之後再繼續唱兩句。我感覺戲在這裡有點拖了，便刪去了這兩句唱詞，改為「事到如今，我已無有容身之處……」，但又轉念一想，緊接再念：「王魁，我縱然一死，也絕不饒你」，接唱【朝天子】。

【朝天子】是〈陽告〉的最後一段唱曲，節奏必須更強烈地向上推，把聲腔身段都揚起來，激情中蘊有巨大爆發力，此時的她決定以死抗爭，以命控訴，絕不放過王魁的薄情負義，而於此同時，桂英也伸手解下了腰間的羅帶。

以前我們演出時，唱完【朝天子】之後，解下羅帶，拿在手裡，在鑼鼓的亂搥聲中，邊抬頭往上看，邊抖動羅帶就下場。現在我改為解下羅帶後，添加了兩句白口，用來烘托戲的氣氛：「羅帶啊羅帶，不想你千絲萬縷，織成一段離愁之恨，今日將你，伴我咽喉。」便雙手把羅帶舉起，在鑼鼓的慢叫頭中，雙目淒慘的對著羅帶而念，聲音由低到呼喊，欲哭無淚，顫抖的雙手，托舉羅帶，疾步圓場，抬頭舉目尋找懸梁之處，方位鎖定後，即舞動羅帶，示意魂魄已幽幽飄蕩，最後在神臺桌前，用羅帶的揮動、抛灑，亮相造型，淒然絕決地終止生命。

經過修改排練，〈陽告〉進行彩排，戲的脈絡比較順暢，節奏也頗為緊湊，一齣唱做並重的〈陽告〉，又重新搬上了崑曲舞臺。

《琵琶記．南浦》

說起《琵琶記》的〈南浦〉這戲，不得不回憶起傳字輩老師的點點滴滴。當年我們年紀還很小的時候，就學這個戲的唱腔，因為這戲的音域高，正好用來吊嗓，但始終沒有傳承過身段。後來因為我們跟老師間的關係很好，老師把我們當自己小孩子一樣，我們也就沒規沒矩，常常勾著老師，摸老師的頭，跟老師撒嬌，現在想想倒覺得自己難為情、不應該了。

沈傳芷老師頭是光的，我們叫他「芋頭」，他也不生氣；朱傳茗老師喝酒的時候買了花生米、五香豆放在抽屜裡面，等他不在，我們就拿出來吃光了，後來老師一看，怎麼東西都沒有了，這些孩子酒倒是沒吃，卻把老師的乾糧都吃掉了？可知老師多寵我們，藝術上面很嚴格，但生活上很寵溺我們的。我們大著膽問沈老師，為什麼唱學完了，卻不教我們〈南浦〉？老師說：「〈南浦〉主要以正旦的唱為主，依據唱來調度，實際上沒有什麼動作。」後來我排《琵琶記》了，但在我的印象裡，也沒看過其他人演出〈南浦〉。可是〈南浦〉的唱段音樂太好了，臺崑希望能把〈南浦〉排出來，因此找我來，希望我能幫他們把這戲排出來。

接到這個任務以後，坦白說我心裡是忐忑的，〈南浦〉到底該怎麼弄啊？老師從小也沒教過這戲啊！思來想去，只能回到故事背景、人物性格的脈絡來思考了。所幸崑劇人物家門分得很細，也各自有對應的表演程式；趙五娘所屬的行當是正旦，在這個基礎上，〈南浦〉裡的趙五娘和丈夫蔡伯喈才新婚一兩月呢！兩人想必還在蜜裡調油、恩深愛重的時候，而且這個當口上，蔡家還沒遭難，家裡肯定不是家徒四壁、更不是窮得叮噹噹響，這時候的人物設定從外型上來說，趙五娘頭上還該有一點兒首飾，也不能讓趙五娘穿黑鞋子，要繡一點花樣，這也才呼應了後頭〈吃糠〉說到五娘把自己的「衣衫首飾盡皆典賣」，就是為了換些吃食孝順公婆。我這樣的想法，就是把趙五娘處理成正旦行當裡頭的「小正旦」，也就是正旦的「前期」，可能是年紀稍輕一點、可能是人物悲苦心境尚淡。其實嚴格來說，正旦哪裡還分大小，小正旦這個說法是我們為了更細緻的區別人物而做出的說明。正旦的唱功重、嗓音需要力度和寬度，被稱為「雌花臉」，但我在塑造〈南浦〉人物的時候，那句「一旦冷冷清清」我刻意不要旦角兒哇啦哇啦地唱，而要唱得細膩一點、柔情一點。這樣才能回應我們前面所說的，此刻的趙五娘在劇中應有的身分和狀態。

此外，這段唱主要在表現趙五娘和蔡伯喈夫婦難分難捨的情感，所以她的眼神不能只是愁苦，更要表現出她對丈夫的不捨、眷戀，趙五娘的忠孝貞烈，是名冠古今了，但〈南浦〉裡的趙五娘如果不受到夫妻恩愛的羈絆、表演裡頭沒有帶一些閨門旦的纏綿，那她又何必到南浦來親送丈夫？另外一個角度來說，〈南浦〉唱段很長，如果表演上完全以正旦的表演程式來應工、演一個「苦大愁深」的人物，這一苦苦到底，觀眾也要很鬱悶了。我始終認為，〈南浦〉的演出上，必須要展現趙五娘夫婦剛剛新婚兩月的纏綿，趙五娘是為了避開公婆，到了南浦來和丈夫傾訴別離之情，因此這段表演，不能只是愁苦，南浦上的趙五娘不美不足以動人。

在動作上，這四段生和旦的唱腔設計都歸我管，又不能重疊，前面做過的又不能做，也費了好多腦筋，給他們設計一些小的造型，用這樣的方法，夫妻情，別離情，有的動作是對稱的動作，因為崑曲就是他在做你也得做，有些是不對稱的，就這樣完成了〈南浦〉的這個編排。

趙五娘這時還是少女，二十來歲；到後來我排〈描容別墳〉，那個「哎呀！」叫天喊地，就要是正旦了，在〈南浦〉後面的戲要有點區別，層次要出現，我就是這樣苦苦動腦筋，一點一點把戲給排出來的。說到這裡，我想補充，演員在戲劇表現上，腳底的重要性不能遺忘。我發現一些學校裡的學生，包括一些年輕演員，不注重或者說忽略了腳底下的表演。其實腳是很要緊的，演員的膝蓋一定要是柔的，無時無刻不往下存；可現在卻相反，上身撐著，腳是筆直的，這是不對的，演員的腳一定要存，這樣才能帶動你的身段，整個表現才會柔。

〈遊園驚夢〉

一開始學〈遊園〉的時候，我最感興趣的只有【皂羅袍】，因為【皂羅袍】身段很多，對於我們當學生的來說，我們最怕「沒動作」，一沒動作就要作戲了，可當時我們表演火候不夠，只能巴望靠著滿滿的身段來豐滿舞臺，所以【皂羅袍】很符合我們的需求，唱這支曲子是很開心、很簡單的事情。

而我們朱傳茗老師很注重學生的腰和眼，這是他最特長的地方；可朱老師畢竟是男子，教「眼睛」的時候，他也沒有講到「收」和「放」，只說：「眼睛亮出來」，要我們把眼神亮出來；當時年紀小，老師怎麼教，我們就怎麼學，全都是模仿老師。

【皂羅袍】另外一個讓我們學生很喜歡的原因是，整個段落裡，杜麗娘和春香兩人有很多的舞臺調度和造型，就像兩隻美麗蝴蝶飛來飛去，好像很高興似的。所以，有一次輪到我排【皂羅袍】時，我做得特別起勁、特別溜，或者說我覺得自己很溜吧，可朱老師在一邊看了，就質疑我：「在幹什麼？」我回答老師：「我在排杜麗娘。」朱老師說：「你這樣像杜麗娘嗎？你這麼飛來舞去，根本就沒有內心的東西。」我當時完全不懂什麼叫「內心的東西」，還嘴硬頂撞老師，說：「老師怎麼教，我就怎麼學。」由是可見，年幼的我們僅僅只懂得模仿老師的外表，完全不懂得體會人物的內涵，那時最多十六、七歲吧，我十四歲進校的，就是學習老師的外表，很皮毛地把東西給學下來。

我小時候對〈遊園驚夢〉是不感興趣的，我很喜歡看武旦戲，那多乾脆啊！看起來也不用作戲、不用特別動什麼腦筋，把身上做好就好了。那時早上起來練私功，像我的同窗岳美緹，她是非常用功的，無時無刻不在鑽研；我偏不，我要練〈水鬥〉、〈昭君出塞〉，對〈遊園〉這種戲，並沒多做琢磨。後來到了教學，一開始我也只是依樣畫葫蘆，老師怎麼給我教，我就怎麼教給學生。其實教學也是一個提升的過程，學生就好像我的一面鏡子，看到學生表現太外露了，似乎不太對勁，我也才開始反思、慢慢琢磨人物、琢磨戲。小時候也許是老師也沒講得很透，也許是自己沒聽明白，老師沒講過杜麗娘到底該是什麼模樣，老師那個年代，以他們的文化水平而言，理論、文本那些資料也不是太會講，沒辦法很具體而微地把他內心的體會用語言表達出來。後來我就自己看了些資料，揣摩想像杜麗娘該怎麼樣，我認為杜麗娘是不能外露，要內秀的，我就慢慢地看，也看同學華文漪的演出，一點一點地去慢慢體會。

所以到後來，我覺得整個《牡丹亭》的常演折子裡，〈遊園〉要屬最難！〈遊園〉的舞臺空無一物，要靠表演寫景，寫景的同時又要寓情，「情」不能放，它是「內斂」、「收的」、欲語還「羞」的。要如何在舞臺上展露這種「內秀」的氣質，我就跟學生說：「你們的表演不能只是表面，〈遊園〉不是『遊花園』而已。」我說老師小時候就是這麼想的，遊園就是遊花園嘛，開心啊！其實不然，杜麗娘是一個閨秀千金，養在深閨，大門不出，二門不邁，自幼謹守閨訓，一言一行都是大家風範，偶然間到這個花園去遊賞，看到了美好的春天，青春的天性，讓杜麗娘一下子沉醉在明媚的春光中，然而下一刻，這些花草美景就會隨著季節遞嬗而消逝，她想到了自身正值二八年華，青春是否也會像光陰一般轉瞬流逝？我覺得整齣〈遊園〉滿溢著一種傷春的感情，所以我在教學的時候，就特別提醒學生：「你們一定內心要有物、要有情。」所謂物，你看到「那牡丹雖好」，你就要看到那些牡丹開得很茂盛，同時以花比人，也是對到自己的傷感，看到青山，看到任何東西你都要心中有物，你不能很茫然睜著眼睛去表演。

另一個是訓練他們的眼神，從放出去到收進來，我是希望教他們這種情感；像我以前的【皂羅袍】是龍飛鳳舞，飛來飛去的，但教學生不可以這樣，大家閨秀要溫文爾雅，要秀美蘊藉，這樣才能體現她的身分，體現她那種少女的嬌美。

學〈驚夢〉時更可怕，根本一竅不通，做不出來，問老師：「這磨桌子是幹嘛？」老師說：「不要問，你們大了就懂了。」我說：「我們大起來也不會懂啊！」這實在不知道在幹嘛！老師就板起臉來：「不要多問啦！大起來你們自然會體會到！」反正當時就覺得〈驚夢〉比〈遊園〉還要難，〈遊園〉我還可以飛來舞去的，〈驚夢〉卻好像把我們手腳都綑住了，就只是依樣畫葫蘆地跟著做，做到老師不罵就可以了；後來再教〈驚夢〉，確實隨著年齡增長，閱歷的加深，自己一點的積累，就感到〈驚夢〉是更不能太放，〈驚夢〉肢體上不能太放，眼神要很美，因為她感到自己的青春是多麼嬌美，在她眼裡，時光也美，一切都是美的，她想到自己到這個年齡，應該有個對象了，但她還是要表現得羞答答的，不能做得很放很過。不過任何動作都一樣，像是「俺的睡情誰見？」絕不能做得妖里怪氣的，都要在少女的規範之下，小小的，又要美，你雖然在搓手，你不是光搓手，你是整個腰帶動起來，腰、頭整個都要到位，又不能過，又不能不做到，那才能夠體現杜麗娘此時對青春的嚮往，對青春之美的由衷喜愛讚賞。

所以像磨桌子這些動作也是，除了腰裡面和肩、頸、頭以外，不能用胯來帶起身體的動作，因為我看有的人做這個動作就用胯，她可能是沒做到位吧。這個動作其實兩手也非常要緊，這個翻過來，這個就搭上去，手的部位從這裡要翻過來放，不能這樣放，不舒服，一定要轉過來。從模仿老師，到慢慢自己琢磨，〈驚夢〉是一種對少女情懷的美好的追求與嚮往，整個表演中要體現杜麗娘的嬌美，杜麗娘對自己青春的追求，對青春美好的嚮往。最主要是水袖動作，前面〈遊園〉是扇子動作，〈驚夢〉是水袖動作，這些水袖都不能誇大，都得小小的，因為她是一個嬌美的女生，所以水袖，不管任何動作，「和春光」什麼的，都要「柔柔的」，腰肢柔柔的，膀子柔柔的。這主要是我在〈驚夢〉當中的一點體會。一個是自己體會，一個是「看」，百學不如一看，有時華文漪在臺上演，我覺得她真的很美！她的演出會把我帶到她的情境裡去，我會跟著她，心裡面的心擺在跟隨著她，這也是給我的啟發，除了傳承下來到我身上，到我自己想，到我看，自己再琢磨，學生就這麼教下去。

朱老師的東西，一模一樣的版本，我跟華文漪基本上沒變。所以當初我在排王志萍〈驚夢〉的時候，我對一些身段設計是有不同觀點的，例如她加了一些動作進去，我好奇問：「你怎麼加這個動作？」她說：「這是華文漪的。」我說：「絕對不是華文漪的，我最了解了呢！」有些身段動作，老師在臺上演出，學生、觀者的理解未必準確，另外一個是某些身段動作，用在其他人物身上可以，不能用在杜麗娘身上，她再怎麼樣傷春也好，都不能把她表現成「思春」；所以我基本上跟華文漪沒有差別，最多比如動作，有的地方我比她柔一點，因為她很大大咧咧的，就這麼指出去，但她指得也很美，但是我就很講究，指的時候應該怎麼樣；這方面她就是：「可以就好咧！」很大大咧咧的。

皇天照鑒兩心：我排輕喜劇《玉簪記》

《牡丹亭》最難演是〈遊園〉，《玉簪記》最難演是〈琴挑〉。因為〈琴挑〉中，陳妙常對潘必正是一種「同是天涯淪落人」的心態，她很愛慕他，但她所處的環境和身分，讓她不能像杜麗娘那樣，可以流露對意中人的愛慕，但又不能對他一點感情也沒有，她依然對他有感情，更有觸動情懷的時刻，卻又要有收斂的地方，譬如她在懷念他彈琴的時候，或是潘必正一開始手摸她的時候，那一霎那的：「呀！」是：「你怎麼進來了？我正在想你，你可進來了。」要有這種想法；到「仙郎何處」又收了，時而要吐露，時而要收回，這都是比較難演的。包括「哪管人離恨」，兩人看到了彼此，但僅僅是一個瞬間的光閃，就又把它拉回去，這不是完全收了，而是在他面前收回來，但收在觀眾面前表示：「我很愛他。」要有這種感覺，所以真的是比較難演。你如果跟他一點碰撞都沒有，你後面的戲延續不下去，要有碰撞，要有收斂。這種對我們學生來說比較難。

所以〈琴挑〉我覺得比〈遊園〉還討厭，因為有個男的在旁邊，所以那個時候基本上這種戲不太去練的，練的還是〈遊園〉、〈水鬥〉這種看起來輕鬆一點的，但是到後來要教學了，自己回去想了老師以前教的地方，老師以前教的沒那麼豐滿。基本上老師教的路子跟教給岳美緹、華文漪的一樣，但後來經過她們兩人的研究，有把這戲填滿了，本來是「呀！仙郎何處……」手撫一點點就馬上縮回來了，現在是手一摸，陳妙常一看，再害羞收回手，這種很細緻的東西都是後來填進去的，有好幾個地方都是後來填的。以前的「長清短清」前面是坐在那不動的，但發現好像離觀眾太遠了，所以得走出來，離觀眾近一點，這就是後來岳老師她設計的一些動作，我們同學看她弄得好，自己也把它用進來，我們是同班同學，彼此之間不存在什麼版權不版權的問題。

所以〈琴挑〉難演的就是碰撞，尤其手比較難，它不像〈驚夢〉一樣，〈驚夢〉它也碰撞，像火花一樣的，我們叫「觸電」，但是杜麗娘是少女，【山坡羊】裡有她人生的嚮往，對自己美好的願望，並希冀去追求它；雖然陳妙常也不想長期寄居在這個尼姑庵裡面，但她不知怎麼脫離這個尼姑庵，到目前為止，她一個女子，沒地方可去，她只能在這個尼姑庵度日，如果碰到一個得意郎君把她帶出去，那是以後的事了。所以她跟〈驚夢〉的碰撞不一樣，杜麗娘可以流露，她的含羞帶怯對方可以看到的；但是陳妙常不能讓潘必正看到，看到一點就收過去了，就是若有情若無情，才會跟他這麼說的，前面幾段跟潘必正的交流當中，雖講那些話，什麼「鐘聲鼓聲」來搪塞他，但她心裡面的想法其實是相反的，她不願意再成天過著這種生活，也希望有一個美好的前程，可又受限於現實，實在是有口難言。到了潘必正真的要走了，她又感到很失落，希望他多坐一會兒也好，多留一點時間也好，即使不能表白，兩個人能在一起，她也感到很安慰；所以當他真的要走時，她一句：「潘郎！花陰深處，仔細行走。」這就是對他的一種愛慕，微微地透露出來了；所以才緊地一站。前面是小碰撞，收；這裡是一個大碰撞，讓潘必正有機會對她進攻了。等潘必正走了，她看都沒人了，她那時候是：「哎呀，別走多好？」把對他的一種愛慕、深情，全部可以釋放出來了。所以這時的表演要帶一點花旦的表演方式，當陳妙常唱那句「你是個天生俊生」，不是像一般閨門旦的表演，感情藏在裡面，這句要把情感放出來，透過聲腔和眼睛的運用，告訴觀眾：「我真的很愛他，可我沒辦法，在這樣的處境裡我沒辦法隨心所欲，可是我心中是真的非常愛他。」

要把這個心情流露出來。所以她的動作也要放開，沒那麼收了，可以放一點小生的動作，學他的那種風流。〈琴挑〉後面的放，對潘必正情感的流露，對後面的〈偷詩〉鋪墊，留個伏筆。

我那時對這個人物就是這麼體會的，我後來教學生時，我發現他們這些學生，都變得有點花旦味道，因為我覺得這邊要放點花旦味道，結果不管是我們同學也好，還是崑四班、崑五班，也有點放了，但這樣的放，在我看來對這個人物情感的層層推進有幫助，對於豐富人物的內涵也是有助益的。

當初在科裡《玉簪記》學了〈琴挑〉、〈問病〉、〈偷詩〉，〈秋江〉沒學；老師說〈秋江〉坐在船裡唱，沒什麼大變動的，老師他們以前就這麼演的，我們就船頭上、船尾上兩個就這麼唱了。但這卻變成光有唱而沒有做，那叫做有戲無技，有戲無技等於歌唱一樣，你技法很多沒有歌唱，那是有技無戲，就是雜技了。所以戲曲是綜合的，戲和技結合起來，才是戲曲。以前〈藏舟〉也只是船頭船尾，觀眾便感到不滿足，光欣賞你的唱，只是飽了耳福，沒飽眼福，如果你唱和做一塊，那他們賞心悅目，耳朵和眼睛都飽了，所以那時老師是沒傳給我們，唱腔會了，但只用來吊嗓子。

〈偷詩〉也是後來岳老師演了以後，把有些太過煽情的地方拿掉，特別前面一大段的白口，「懶把黃花插滿頭，見人還自羞」這麼一大段都拿掉了，不然長篇大論沒有意思；岳美緹在我們這群女生裡面被稱為「女秀才」，她的文化水平比我們都要高得多，她喜歡動腦筋，所以她會刪減，我們都稱她「女才子」！我很崇拜她，真的！我覺得她這個條件，能把小生唱到這個水平，實在付出很多的心血。她之前是我們閨門旦組的，她曾唱〈出獵〉的李三娘，之後改小生了；你說蔡正仁好嘛，蔡正仁也好，但蔡正仁演戲很率直、很本色，他的俞派唱腔好，他的戲路子裡官生是極好的，但演起巾生在我們同學看，岳美緹儒雅更多一些，岳美緹唱小官生也很好啊！她唱〈望鄉〉、〈寫狀〉，都很細膩，大家都喜歡看她排戲；蔡正仁因為以前眼睛受過傷，所以他眼睛運用上比較吃虧，而男孩子的直率也讓他在內心細膩程度上略遜色岳美緹一些些。沒有這種很內在心理的話。

你說像梁谷音，她也很用功，她的條件並不是最吃香的，在以前來說，她的顴骨稍高，必須慢慢的找合適的扮相，現在慢慢找到了臺上的美，不在話下。以花旦來說，身形最好要小的，梁谷音稍微高挑了些，金采琴條件最好了，還有魏如錦、于桂卿，個頭都很好，然而梁谷音她用功，正旦、花旦兩門抱，加上她表演的天賦和悟性，對生活的細膩觀察，她們今天都是當代名家了，所以我認為一個人的努力是很要緊的。梁谷音她一開始的〈思凡〉很清純，這小尼姑很可愛；後來她戲演得多了，演了潘金蓮、閻惜姣，再演到〈思凡〉，大家就覺得不一樣了，更多的是個人特色；把那些複雜的東西加進去，放進眼神裡面去了，那就不再是以前的樣子。

一個演員是不容易的，你演一個角色要用什麼眼神，一雙眼睛在你臉上，但你的眼睛要千變萬化，什麼角色要用什麼眼神釋放，所以她後來看到那個小和尚用：「喂！小和尚～」那就不行。

解構〈說親〉

〈說親〉是《蝴蝶夢》裡的一個折子戲。劇中的女主角田氏，是傳統封建社會裡，女性受「父母之命，媒妁之言」此一觀念而被桎梏於婚姻中，不得自由的一個歷史縮影。田氏的父親把她許婚給莊周為妻，但婚後莊周很少在家陪伴田氏，總是外出雲遊四海，求學訪道，把田氏拋在家裡獨守空房，兩夫妻間本已缺乏相依相守、夫唱妻隨的恩愛感情，婚姻生活中伴隨田氏更多的是寂寞和孤獨。而如今最不幸的是莊周竟然驟然離世，撇她而去，年輕美貌的田氏頓時成了新寡。

無精打采的她，渾身縞素，裹在重孝之下的是無望和倉皇，田氏垂頭喪氣，雙腳猶如灌了鉛一般，沉重不堪，一路從空蕩蕩的臥室來到堂前守靈。她滿目哀怨憂傷，極目四顧，除了蒼白還是蒼白——包含她往後漫長的人生，這一瞬間，淒涼空寂的感覺全都湧向她的心頭。而當她的目光觸及莊周畫像的時候，所有的自憐自艾、哀愁怨懟達到了高點，她再也忍不住滿心的無奈，因而發出哀嘆。此時的田氏，眼神中應流露出胸中怨氣，那她所怨何來呢？第一怨，怨的是自己的父親。父親不該把她許配給莊周為妻，把她大好的青春埋沒在偏僻的幽山深林中，綠鬢紅顏空對老松孤菊，無人聞問，亦無人欣賞。這第二怨，怨的是丈夫莊周活著時，一心向道，任她姣好青春空付歲月如流；而一朝竟又無預期、沒來由地驟逝，撇下她無依無靠而去！第三怨，只能怨自己命薄，憐憫自己如此年輕竟成了鸞孤鳳寡，紅顏無主，以後只能日夜逕對菱花。

〈說親〉這齣戲的身段並不繁重，因此，應著重在刻劃人物的內心表演。

從田氏出場到唱曲牌【錦纏道】，她的心情是低沉、鬱悶的，斂眉垂目，神情充滿了傷痕與哀怨，意在表達她的不幸和遭遇。這時，演員的眼睛不能多轉動，反而需要收斂。有些表演方式，把田氏塑造成了熱烈思春的婦女，這固然也是一種理解，但在表演上，我想如果能緊扣著田氏內心的矛盾，和對於命運的反動此一角度來刻劃人物，表演會更顯得層次豐富與高雅成熟。因為田氏的內心是非常矛盾的。依照禮法，她必須為丈夫守喪，但對她來說，人生的路還很長，她怎麼能甘心繼續沿著這條孤寂的路再走下去呢？她心中懷有一絲希望，因此想要抓住時機，尋求新的人生轉機。所以，她雖外表披孝，內心卻深深地愛慕著英俊瀟灑的楚王孫，而此時，演員的雙目應該要露出情不自禁、心猿意馬的竊喜神態。

老蝴蝶的出現，讓她喜出望外、驚訝不已，她告訴自己，一定要牢牢抓住這個時機，決定把自己的希望寄託在這個常年陪伴楚王孫左右的老人身上。她疾步迎上前去，熱切地與對方答話，想要盡快縮短彼此間的距離以便切入正題。當田氏抓住機會詢問王孫的年齡、有否婚配時，態度十分的熱情溫和。此時在表演上，眼睛應處於放鬆的狀態，以關心試探的目光來展露其動機。當她聽得王孫年方二十三，尚無娶親，興奮的心情幾乎忘乎所有，不禁露出輕浮之舉，下意識的把自己的手臂搭放在老人肩上，彷彿他就是王孫；再當她又得知王孫也喜歡她，若要娶妻就非她莫屬。這豈不是兩情相投？這時的田氏真是驚喜若狂，雙眸閃出光亮的火花，激動地懇求老人做媒，替她傳遞信息，越快越好。在這一幕中，田氏滿懷欣喜，希望的光瞬間綻放眼前，先前的哀嘆、悲傷不復存在，甚至有些得意忘形了。此時的田氏，在人物塑造上與前面出場時的情態要有極大的反差；而由於情緒的轉折，所以在表演方面，步履要顯得輕盈，動作敏捷，要將她期待著「明朝得隨東風駕」的迫切感精準傳達，這時的她已然把披孝守寡的古訓統統拋在腦後。因此，在這一段，演員的眼睛須要放，須要靈活、熾熱，用以顯露她的大膽、叛逆，敢為愛情、為生命衝破世俗枷鎖，再披紅衣紅裙的這種狂喜。

在崑曲舞臺上，《蝴蝶夢・說親》田氏這個人物揉合了閨門旦和花旦兩種行當的特質。她的表演特點是把閨門旦的含蓄、嬌美、柔情和花旦的奔放、灑脫、熱烈融為一體。時放時收，有剛有柔，有緩有急。以這些貼合人物內心，並富有情感的眼神變化，展現人物繁雜而多變的個性，因此顯得風采照人，生動而具有活力。

我排《昭君出塞》

折子戲《昭君出塞》中的昭君一角，在崑曲中應該屬於刀馬旦與閨門旦兩種行當的融合。一般來說，如果單純以刀馬旦應工，容易過於火爆；而只以閨門旦應工，則容易失之於溫吞，因此，掌握好兩者之間的分寸是關鍵。

此一劇目乃是由上海戲劇學院方傳芸老師的親自傳授。方傳芸老師是傳字輩的著名旦角演員，武功底子十分堅實。《昭君出塞》本來是朱傳茗老師的代表作之一，但大家比較不熟悉的是，其實方傳芸老師也擅演這個劇目，可惜二位老師都已仙逝，這對崑曲無疑是個極大的損失。

朱、方二位老師在建構這齣戲的表演核心時，不約而同都以舞蹈語言來表達昭君的內心世界，各自有其獨到之處。這次我為青年演員張志紅排演此劇目，基本上是遵照方老師的基本路子，加上我自己的體會，結合張志紅本人條件進行綜合設計而成。公演之後，亦收到良好的效果。

王昭君本是文弱的民女，入宮經年，不得寵幸，又陰錯陽差被指派往匈奴和親。這個戲從一開始別離漢宮，便安排王昭君身穿女「蟒」，頭戴鳳冠出場，以表達她端莊持重、宮闈貴女的一派氣象。當情節發展到「出塞」時，因為外在環境變遷，王昭君要遠赴西域，此時應當更換番裝才能對應情節。因此，我們安排王昭君身著改良舞衣，披斗篷，插翎子，掛狐尾，來體現她將展開遠行前往西域的處境。同時，在表演上也要和別離漢宮的段落間有明顯的區別。

昭君前往西域，不乘轎輦而是騎上烈馬，行進間頻頻回盼故土，這一些情節連串而下，在舞臺上構築成一系列優美的舞蹈身段，倘沒有武功底子是做不好的。若過於追求形體動作，掌握不好火候，很容易使昭君成為一名馳騁韁場的女中豪傑，那就失去了人物的原型了。可是，若片面強調她纖弱的一面，不敢施展誇大的動作，則體現不出莽莽北國荒漠之中，駿馬奔騰的景象。所以我把這個戲處理成「文戲武唱」的路子。既要充分運用武功，又注意不失文弱女子的特點，還得著重刻劃其複雜的內心神情。這三方面缺一不可。只有全面顧及，方能塑造出完美的昭君形象，符合昭君這個特定人物在《出塞》中的特定情節，從而達到排演此戲的主旨。

原來《出塞》劇本的基調是「怨劉想漢」。「怨劉」是怨恨王室的昏庸無能，「想漢」

就是懷念漢室江山與故土父老的惜別之情。「怨」與「想」之間有著本質上的聯繫，並將此一基調貫串於全劇。而我則在處理上做了適當的改動，側重於「想漢」，乃至擴大其境界，拔高了形象。因為，懷念遙遠的故土，正適合於誇張的舞蹈表現手法。

和番途中，唱念做表、載歌載舞，戲是很吃重的，三人舞蹈中，優美造型時分時合，既體現人物內心情態，又模擬起伏的地勢地貌，演員間必須必須嚴密配合，起伏呼吸間絲絲入扣，引人入勝。步伐動作必須配合默契，三人如同一人那麼整齊。昭君是中心人物，動作要矯健，但敏捷中需要帶有穩重。圓場輕快飄逸似行雲流水，因此表演上難度頗大，演員若沒有扎實功力是不能勝任的。

過去內行人常以「唱煞昭君，做煞王龍，翻煞馬夫」來形容這齣戲的。然而，我則認為對昭君的塑造要更完美，不能光單純的以唱而論，需要將唱、做、表兼於一身。因此，我在表演處理上依然保持著閨門旦的嬌美與細膩，同時也嘗試突破行當，引進了刀馬旦的矯健剛烈，採用「文戲武唱」塑造這位我國歷史上的著名美人王昭君。

譬如當昭君上路時，她手持馬鞭，在「冷清清朔風似箭，曠野雲低，細雨飄絲」的征途中，表演上不能像是百花公主的含情纏綿，也不是應當如《南柯夢》裡瑤臺公主的病態嬌柔，而應具備柔中有剛，剛中含柔的神韻。在唱完「朔風吹透征衣」時，我改變了傳統的調度，為加強山路崎嶇，跋涉艱辛的氣氛，設計了昭君單跪下腰，接著完成探海、轉身、勒馬的連貫動作，凸顯了翻山越嶺時的險象環生。在下場前，我又設計了告別故鄉的一系列身段。馬夫自下場門做小翻翻出，昭君相應做一排平轉，配上四擊頭的鑼鼓點子，讓昭君站在馬夫膝上，做後盼遙望之勢，以體現她高立馬背依依惜別之情。

《昭君出塞》原本著重渲染「怨劉想漢」的主題，但情節鋪排上，由於「怨」與「想」二者並列，顯得比較平均，劇本亦因此顯得鬆散，一會兒「怨」，一會兒「想」，唱詞也多有重複，主次不分，在實際表演上則會顯得拖沓支離。但若交叉進行，也就不能聚焦、無法突出主線。因此，我處理這個矛盾，是側重以「想」為主，因為，即便滿腔愁怨也無法改變自己的命運，只能以「怨」來推動「想」。昭君滿懷怨恨，淚珠漣漣地別離漢宮，她怨朝廷軟弱無能，「空有文官濟濟，武將森森，卻叫紅粉去和番」的下策，由此觸發她對生育的父母，撫養之家鄉的「想」。對於這齣戲，我是從以下幾個方面來體現的：

首先，傳統的《出塞》，從昭君出場到上鳳輦離開漢宮，一直手拿金扇，我覺得不夠典型，不能充分體現昭君離別國土的情態。因此，在現行的搬演中，當昭君上鳳輦時，我改用琵琶作道具，因為，琵琶是一足以凝聚諸多依託與意象的物件。昭君獨愛音律，故而在離別故土時，猶以琵琶為伴，此去一路，風沙漫漫，回歸故土無由，只有滿懷的思戀、憾恨，故藉此自彈自唱，傾訴胸懷，抒發離別愁緒，寄託思鄉情懷。而且琵琶亦是在昭君後場換裝後，唯一、持續有所聯繫的道具。

其二，原先在大雁出現而唱【山坡羊】曲牌時，舞臺布局比較平淡。我為了突出昭君當時的情緒波動，而設計了一套舞蹈形象。當唱到「眼睜睜盼又盼不到南來雁」時，她下垂雙眼，表露出失望心情。聽到王龍呼喚：「娘娘，雁來了！」王昭君心中一驚，急速轉身，要尋覓大雁的蹤影，當她終於追索到雁兒在空中自由翱翔的身影時，她的感慨又再次的加深了——天高海闊，鳶飛魚躍，他們是如此的自由，但我王昭君何日可得呢？此生終不可得，因此只能將滿懷思鄉之情遙寄大雁，姑為慰藉。此時的昭君，左手抱著琵琶，右手向雁兒招呼，衝向臺前，身後王龍與宮女排列成行，高唱：「啊呀雁兒呀，你與我把書傳，再與我多多拜上家鄉父老！」雙手復再托起琵琶，望空三拜。以此動情的誇張表演，來表達昭君此時對父老故土的深厚想念與萬分不捨。

其三，行至胡漢分界，馬不前行。按原本的處理，馬夫念完白口站在臺右邊，昭君勒馬臺中，唱：「慢說到人有思鄉之意，這馬呵，豈無戀國之心！」雖然只是短短二句，但當中蘊含的情致卻很重要。此時主要是藉著馬的行動來反襯人物感情，因此表情要激昂，動作要強烈。我是作如此處理的：先以場面做馬嘶效果，馬夫高呼一聲：「南馬不過北！」昭君聞聲大驚，「啊！」一聲，跳起手掏雙翎子，背馬鞭亮相。同時馬夫飛腳劈叉落地，坐於舞臺中，擋住昭君前行，示意馬兒不肯過關。又通過昭君唱：「馬到關前步難移。」將人與馬離別國土的痛惜之情表現得恰到好處。這其中當然有戲曲的誇張展演方式，國界對人固然有意義，馬豈能有此意識？無非將馬擬人，將自我的情感、處境投射於外物之中，彼此同情共感，將本已頗為濃烈的情緒暈染得更高更動人心魄，層層堆疊出表現昭君戀國之心、思土之情。

其四，撥轉馬頭望家鄉。原來是三人於上場門九龍口亮相，回身還望家鄉。然後王龍上前請昭君繼續趕路，昭君雙翻手轉為攤手，依戀中悵然離去。在此處，我重作了新的設計：昭君背對觀眾做一個掏翎子動作，舉馬鞭抬頭眺望茫茫無盡的家鄉之路。此時，王龍與馬夫在其身後對稱亮相，看昭君依依不捨，遲遲不肯啟程，兩人便上前勸駕，懇請昭君調回馬頭繼續趕路。但昭君卻雙手推開兩人，又一次衝上前去，欲多看一眼故土蹤影。卻被王龍二次阻擋，馬夫乘勢挽住韁繩撥回馬頭，催馬趕路。昭君終於無奈，黯然隨之離去。

其五，【牧羊關】最後一句唱詞：「又誰知天南地北，倒做了一樣肝腸碎」的造型是：三人於右臺口組合亮相，然後在鼓聲中牽馬行走。我在排練時做了些改動。我以為此時人馬經過了長途跋涉，翻山越嶺，已是人睏馬乏，將原來的亮相過程改為，馬夫小翻，起身後雙膝下跪，雙手撐地，表示馬已乏力。昭君則以斗篷遮住馬夫，坐其身如同坐在馬背，王龍在後面再三輕拍馬之後臀，催促牠起來繼續上路。通過這組造型，主要意象為了表示已到番邦領地，昭君在馬上，眼神茫惑雙眼無神，以心猿意馬之神態表達她無盡思緒，至此為止，她思鄉之情仍縈繞於心頭。即使身已在番，心卻還在故國。此時的馬，似乎也懶於前行，儘管王龍一再推拍，也不肯邁步。

其六，終場，結尾很重要，要使觀眾留下追溯意境的韻味。原來的處理本也不差。當王龍念：「漢長城已望不見了！」後，昭君在歸位的鑼鼓經中，左右掏翎子，於右臺口亮相。唱：「舉頭兒望不見漢長城」。唱完後略往前走幾步，王龍上前勸阻，示意昭君：「不要滯留，這裡已到番邦了」。王龍步步緊逼，昭君步步退讓，終搖頭無奈，一狠心摔馬鞭，以圓場下。這種處理也入情入理。但我為了最後突出昭君之「想」，前後呼應，採取較強烈的動作，亦為使觀眾留下最後的鮮明印象，因而作了如下的設計：昭君凝望番邦境內，旌旗飄搖，一片歡騰景象，頓感自身已將成為異鄉之客，一番惆悵湧向心頭，此時王龍一聲：「娘娘，漢長城已望不見了！」將她從沉思中喚醒，猛回頭，向右臺前衝去。唱：「舉頭兒望不見漢長城」。在最後一個「城」字上，雙手掏翎子顫抖，圓場中雙眼橫掃觀眾座池，似乎尋找長城蹤影，而後一排平轉，猶若迅速急轉馬頭，往回返衝，蹬在馬夫膝上，作立馬眺望之姿。此一個突然的拔高亮相動作，集中體現王昭君不顧一切的情感爆發點，使觀眾看到突如其來卻優美流暢的造型動作，猶如奇峰突起，通過這個動作完成了昭君在出塞過程中無盡的悲怨及無窮的思念。

以上只是我在排練《昭君出塞》這場戲中，通過自己思索，做了幾處較大的改動，其中細節的調整就不一一贅言。

在排練過程中，能與演員配合默契，並獲得陶波的熱情幫助，才能收到較好的舞臺效果。如果說這次演出比較成功的話，那是靠著大家的努力而取得的。

教排〈尋夢〉的表演隨記

杜麗娘在〈遊園〉之際感嘆「良辰美景奈何天」，滿懷傷春之情，興盡而歸，疲乏春睏，朦朧睡間偶得一夢。夢中遇見一少年書生，似曾相識，相看儼然，款款向他表露衷情，芍藥欄、湖山畔，正歡會之時，卻被紛飛的落英驚醒，方知所遇所感，不過惘然一夢。但夢中斯人斯景，卻在杜麗娘心中縈繞不去，於是她背著尊親，獨自來到花園，徘徊香徑，追尋她心中的夢，夢中的心上人。

〈尋夢〉一折中的杜麗娘，登場時手持金扇，帶著愉悅與希望，款款而來。當她唱第一支曲牌【懶畫眉】時，隨著曲文呈現在杜麗娘眼前，或者說透過杜麗娘的眼睛帶給觀眾的，是一派生機盎然的春色，她深切的體會到春來時充滿靈性的活力和美麗。雖說年年歲歲春色皆如畫如詩，但今歲的春光，在麗娘的心中格外不同，所以她唱出「最撩人春色是今年」，因為就在今年的春天裡，她偶然遊賞了花園，偶然得了朦朧而繾綣的一夢，這場如真似幻的夢給她無限的歡樂、無盡的嚮往，以及，無盡的期待。是這個夢喚醒她對青春的熱愛，開啟了她少女的情懷，所以，這個夢只能由她自己去追憶回味，因此，「最撩人春色是今年」是這段曲子的主題，演員必須圍繞著這個主題來鋪演情緒、情境，因此，在表演上要喜中帶羞，甚至是羞答答、嬌怯怯地用扇子半遮臉面，欲說還羞，似羞還喜。經過這次遊春以及這場夢，她才發現大自然春色的美，與人生的青春之美，二者之間是相互呼喚、聯繫的。花開花落春去又春來，流轉的宇宙天地間，春光不變，但人生的美好與青春卻是如此短暫，且一去不復返，這讓她驚覺青春的珍貴與易逝，因而使她對青春格外寶愛珍惜。

而在【忒忒令】的詞曲中，一開始便鋪陳出夢中的景致，讓人不自禁隨著唱詞、隨著杜麗娘去尋找此夢之所在。此時，演員慢慢展開手中的金扇，環望四顧，一邊想、一邊走、一邊唱，一一回憶夢中的情景。這一段唱腔，主要突出在於「尋找」，尋找遺落在粉牆亭臺之間的夢影；因此在表演上須著重用眼睛去搜、觀、探、望，或左或右，或近或遠，時而駐足凝望，時而步履輕盈的穿梭在花徑柳蔭之間，往返的尋找。這個段落舞臺的調度是非常豐富的，演員透過臺步、圓場表達杜麗娘穿梭於湖山石、牡丹亭、芍藥欄之間回憶夢境，透過金扇模擬景物有時是榆莢、有時是碧草；也透過金扇傳遞心情：有時是悸動、有時是悵望；金扇也能演繹環境：有時為杜麗娘遮風擋雨，有時用以體現光影。但在這尋尋覓覓當中，演員不能落下的，是要讓觀眾知道，人物的腦海中總浮現那夢中少年書生的身影。在【嘉慶子】和【豆葉黃】的唱段裡，杜麗娘主要是在回憶夢境中的情景，在她的演唱中，所有的一切似乎歷歷在目，如在眼前。在夢中她遇見了書生，不由自主地產生了由衷的愛慕之情，乍見之下，既驚喜又靦腆。而演員在載歌載舞的同時，要表現出青春少女的清純嬌美和內秀，不能矯揉做作，舉止眼神都要吻合人物的身分，不能過分，更不能流露出絲毫風情。唱詞中「話到其間靦腆」一句，在表演時動作和眼神都要收斂，要有欲言而止、欲進而退的嬌羞神態。又如「就個書生恰恰生生抱咱去眠」一句，在表演時無論是身段和眼神，都必須羞答答、嬌滴滴，半推半就，恰到好處的把少女情懷表現出來。

當回想夢中少年捂著她的香肩時，她喜中含羞，用展開的扇子搭放在自己的右肩上，象徵少年的雙手捂著她的香肩，此時的她覺得非常的幸福、甜蜜、醉人，一切是那麼的美不可言。然而，正在歡會之時，卻無奈有片片落花飛下，驚破了綢繆的美夢；此時的麗娘，又必須從夢境的憶想中回到現實中來。此時，當她再次環顧四周，如煙似霧的絢爛春景已不復見，觸目盡是荒涼頹廢，一如她將預見的青春空擲。演員在演唱曲牌

【玉交枝】、【江兒水】、【川撥棹】的聲腔時，內心的情境是非常的失意。她放眼望去，眼前一片淒涼冷落，夢境中的牡丹亭、芍藥欄，竟蕩然無存，消失得無影無蹤。夢裡的心上人，也不知去向，眼前的一切如此荒涼，甚至不如幽然一夢，頓時，她一顆熾熱的心冷卻了下來，所有的希望和甜蜜的夢境都成泡影。她失落而迷茫，卻又突然在無人之地發現有一棵梅樹挺立在眼前。麗娘見了極為傷心，一腔深情無所依託，因此，她便把心中的情，寄託於這棵梅樹，於是情不自禁的撲向梅樹，傍著它，指望生生死死，相守在一起。

此時人物的表演轉為低沉、傷感，眼睛要更收斂，手中的扇子也必須表現得是無意間滑落在地，以示意情感和寄望的失落。在春香的攙扶之下，她傷心而歸。想著「樓上花枝也則是照獨眠」，更勾起她心中的茫然和孤寂。此夢不能重現，夢中的心上人也不再相見，她失望憂傷，身心乏力的慢慢回到寂寞的閨房。

〈思凡〉、〈陽告〉、〈尋夢〉是崑曲旦角載歌載舞的獨角戲，都是當年老師親授的。之後在我排練、傳承這些戲的過程中，每次都會加入自己的想法，幾番琢磨之後，對這三個身處不同地位、身分、環境的女性，有了自己的立意。尤其在節奏方面，要求有張有弛。獨角戲的唱念做表，是一氣呵成，所以節奏務必緊湊，不能拖沓。而在表演手法上，要著重突出區分每個人物內心的主要事件，願望和行動，所以身段動作的節拍和幅度在表演上要有特色，不能雷同。

像〈尋夢〉的杜麗娘，她的表演做工要穩重端麗，顯示她是一個有教養的深閨少女；但在情意綿綿時，帶著嬌羞嬌美的眼神流轉傳遞，則要表現得優雅、含蓄且清純大方，不能過火，亦不能太溫。因為〈尋夢〉不像〈思凡〉那麼活潑熱鬧，又不同〈陽告〉那樣充滿急烈激情；〈尋夢〉的表演是比較幽靜雅緻的，她的所思、所想、所為，均要以形態呈現優美的韻致，以眼神帶出感情，生動真切而自然，體現出青春少女的動人魅力。

補充〈尋夢〉中的一些身段

〈尋夢〉的身段動作是以水袖和折扇相交替進行。扇子在表演的開合之間，不斷轉換和變化，啟示著各種的景點畫面，以及人物情緒的起伏。杜麗娘手持金扇緩步登場，一派春光燦爛躍入眼簾。她從心底裡呼喚出「最撩人春色是今年」，在唱到「春色」二字時，手中的金扇，隨著眼睛視線的移動，慢慢地展開。這一展開，意味著遍地處處是春色，又在是今年的唱句時，麗娘的欣喜和嬌羞交織在一起，因為就在這春光明媚的時節，她偶得一夢，美不可言。此時，把扇面展開半遮臉面，欲蓋少女的羞態，當麗娘在唱「這一答可是牡丹亭」，此時的心情頓然激動高興，手中的扇子也隨著心情的興奮在臉面前微微抖動，快步前行探究。又在「一丟丟榆莢錢」的唱詞時，把展開的扇子提起倒立，用來模擬懸掛的榆莢錢在微風中蕩漾。【忒忒令】的最後一句，用抱扇來示意滿懷的春意與美景。

每逢造型的身段，一定要呈現美感，例如唱段中「抱咱去眠」在「眠」字上緩緩下蹲，上半身在蹲坐時，身子要向右邊傾斜，似臥狀，右手枕扇，左手徐徐把水袖在前方抖出，直鋪地面，宛如睡美人的姿態。

〈尋夢〉的水袖動作主要用在【江兒水】的唱段上。以水袖的折、翻、起、落表現麗娘失望的情態，無論扇子或水袖都是增添戲的色彩，起到點綴渲染和美化的作用，使表演更濃郁豐滿。

姚傳薌老師教〈尋夢〉時，杜麗娘傷感之際發現一棵梅樹，姚老師的處理方式，是在九龍口前，將手中的扇子從右肩往後丟在地上，然後撲向梅樹。

我琢磨之後的處理，是當杜麗娘發現眼前有一棵梅樹，她既驚又喜，欲把滿懷思念之情寄託於梅樹之上。杜麗娘疾步上前，欲以雙手相捧，手中的扇子便在這無意之間「滑落」。再到春香上場，準備扶小姐起身時，發現小姐落在地上的金扇，便順手拾起插在汗巾腰間，我認為這樣兼顧了曲情的表達，也更符合麗娘的身分舉止。

二 創作新編戲

《楊妃夢》中「霓裳羽衣曲」

那是荷花盛開的季節，滿地驕陽如火，我與朱民玲又一次牽手相聚。二〇一一年盛夏《楊妃夢》的排練拉開序幕。從序曲到尾聲，共有六場戲。劇本中的楊玉環是以幽魂的扮相形貌出現，她回顧講述其生前在宮中與唐明皇的戀情，從三千寵愛在一身的盛世深情，乃至漁陽鼙鼓動地來的國覆身亡，娓娓訴說這樁千古悲劇的來由經過。其中有一場戲，唐明皇令玉環為他歌舞「霓裳羽衣曲」，我覺得這是可以表現楊玉環此一人物形象的亮點之處。她天生麗質、傾國傾城，襯得六宮粉黛無顏色，讓萬乘之尊獨獨垂愛於她，榮寵之深甚至加恩給她的父兄，提振了門楣，況且她又熟諳音律、能歌善舞，這也讓明皇對她更是寵愛有加，所以，我認為應該要把楊玉環身上的閃光點展放在舞臺上。思考後，我決定讓楊玉環手持兩把白鵝毛的折扇來歌舞「霓裳羽衣曲」，可以凸顯楊玉環的嬌媚華貴，舞蹈中用各種折扇的開合動作，組織不同的畫面，有雕塑般的造型，也有來來回回的舞動姿勢，宮女們在兩旁簇擁而舞，婀娜多姿的貴妃在其中翩翩起舞時，更顯得雍容華貴，萬豔莞爾亦不及其一顰一笑，手中的二把白鵝毛扇如同鳳凰展飛、青鸞翩躚，呈現一派歡騰優雅，雍容空靈之美。

劇本結尾的〈馬嵬遺恨〉在傳統劇本中是〈埋玉〉。在表演上貴妃雙手托著白綾在驚恐痛苦中離開舞臺，示意駕鶴西去。而《楊妃夢》的結局，我覺得不要與傳統戲的表演雷同。「夢」可以跨越，可以浪漫，要是把全劇的首尾相互連貫、前呼後應，用不同的表演手段渲染四大美人之一的楊玉環，將她告別人間的時刻，一代紅顏殞落的瞬間，回歸到光彩萬丈的「霓裳羽衣曲」旋律，用歌舞揮灑而去，更能留下美人離別時美的懸念。所以我把自己的這個想法，提供給該劇組的導演饒洪潮，建議結局採用白綾舞，把全劇推向高潮。他採納了我的意見，劇團請了一位年輕的專業舞蹈老師楊琳琳，按照我們的想像，她設計出了一組白綾舞。以楊玉環為中心，兩旁宮娥烘托伴舞，在燈光的配合下，一條條白綾騰空交錯飛舞，好似貴妃的魂魄在空中飄飄蕩蕩，人已去，魂未散，在長空中悠悠徘徊，漸漸隱隱的飛向九天之外，淒美留下了空間的想像、沉思和回味。

《蔡文姬》〈胡笳訴怨〉

南風起，夏蟬鳴。又是一個盛夏，我和朱民玲再一次攜手排練《蔡文姬》。蔡文姬生長在書香門第，是一位才女，具有儒雅的書卷氣，舉止端莊大方，氣質高雅。亦為整理編寫漢書，奉獻自己的畢生精力。

這個劇本是個悲劇。結局時的〈胡笳訴怨〉是她一生的寫照，她雙手抱著胡笳，踏著沉重的步履，身心憔悴，一步步走向臺前。唱詞用〈彈詞〉的【一轉】、【二轉】等曲牌，把她一生所承載的坎坷遭遇，經歷戰爭的劫難而離鄉背井，淪落異鄉胡地，又不幸遭受夫離子散，生死離別的痛苦。一次又一次的厄運，苦難都降臨在她的頭上，她的精神幾乎被壓垮了。

這是一場自我表白的感情戲，重在聲腔，此時人物的情感是揉雜了人生五味，其中又飽含撕心裂肺的慘痛，演員要用正旦的運腔、氣口、節奏來唱，時而高亢、激情，時而聲音低徊沉墜，如泣如訴。水袖的身段動作不宜太多，同時亦根據聲腔臺詞的內容，結合人物感情的此起彼伏，在動作方面予以貼切的配合。該放大張揚的，或者是應當收斂縮小的，均需注意，甚至不要做動作，而是以靜態的姿勢來表現的，這些都是由劇情展開的需要而設置。

文姬痛苦地渲洩自己內心的悲怨，覺得暈暈乎乎，恍惚間，她日思夜想的夫君、嬌兒的身影，彷彿在她眼前浮現。她已經疲乏無力，但還是急忙邊趕邊喊著夫君、嬌兒，終於踉蹌的跌倒在地上，當她慢慢的抬起頭，眼前只見一盞孤燈照著她淒涼孤獨的身影，一切如走馬輪轉，如夢幻泡影，淒淒切切，如泣如訴。

朱民玲通過《孟姜女》、《楊妃夢》、《蔡文姬》這三個劇目的排練，用心對每個人物鑽研、磨練，勇於攀登拓寬表演。不僅在形體外貌方面有了變化，而且深化了內在的表演，在塑造刻劃人物的深層面，取得顯著提升。

打造朱民玲跨行演崑曲

新編崑曲歷史劇《孟姜女》、《楊妃夢》、《蔡文姬》三個劇本，是兩岸戲曲學界巨擘，中央研究院院士曾永義教授的力作，描寫三個不同身分地位，不同遭遇命運的女性人物故事。這三部曲都由臺灣戲曲學院復興京劇團的當家花旦朱民玲擔當主演。朱民玲是京劇藝術大師戴綺霞的嫡傳弟子，多年來在舞臺上以京劇花旦的演技，展現其藝術風采。我曾觀看她演的《烏龍院》，出場前在幕內喊的一聲：「媽呀，是三郎來了！」未見其人，先聞其聲，我不由得豎起耳朵聆聽那銀鈴般清脆甜美的歌喉。表演上也身手不凡，把閻惜姣這個女性角色的撒潑驕縱、潑辣刻劃得入木三分。

二〇〇六年的十月，我應臺灣戲劇學院的邀請，在復興京劇團參加《孟姜女》的排練，擔任身段設計，從那時起便與朱民玲構築了一段深厚、緣長的師生情意，甚至是親如母女。當進入排練時，她有些拘謹，她說首次正規的學習、接觸崑曲，心中很緊張，我叫她放鬆精神，不要有壓力，但我們彼此必須努力，配合把戲排好。

朱民玲有豐富的舞臺經驗，排練時頗有悟性，能敏捷地領會意圖，接受能力也快。由於她是學演花旦出身，而今卻在《孟姜女》劇中，要穿上水袖褶子，演繹小姐的身分，改變了她原先的行當，在表演和身段方面有一定的差別，因此就產生了距離。俗話說，隔行如隔山。為了要改變她原來的表演面貌，我著重從眼神和身段兩方面重點加工，並且嚴格規範，要求她眼睛不能像花旦那樣太放、轉動得太多，而是要收斂、含蓄、深情。水袖動作要文靜，甩動或起袖要用小膀和手腕的力度，雙臂不能大動，更不允許有聳動肩膀的現象，動作要做得穩重，符合人物的身分。

朱民玲對我的指示與要求，她都立即付之於行動，她一邊摸索，一邊練習，反反覆覆，不厭其煩、一遍又一遍的刻苦修練，從不叫苦，虛心認真的學習、勤練每一招一式，絲毫沒有那種角兒的驕嬌之氣。她學習態度的認真、誠懇，終於攻克了表演上的重重難關，在行當角色的轉換中取得進步提高，也獲得肯定，而戲就是這麼磨出來的。

《孟姜女》千里迢迢去長城為夫送寒衣的故事，在民間廣為流傳。我個人認為這是劇本中的一條主線，它是發生在孟姜女身上的一個重要表現。因此我身段設計方面作重點渲染，孟姜女因對丈夫的滿懷思念，愛的力量促使她不畏艱險，不懼疲勞，雖歷盡艱苦，堅決去往長城送寒衣。重點道具是一把雨傘，一個包袱，在大雪紛飛、北風呼嘯中，把孟姜女和丫鬟兩人猛烈推向舞臺，強烈的風吹得她站立不穩，東倒西退，忽向前衝，忽往後退。這時用水袖遮擋掩蓋的動作，示意風雪交加情景，同時手中的雨傘也被狂風吹得揚起，雨雪紛落，搖搖晃晃，把人與傘一起吹得前俯後仰，兩個弱女子相依相偎，風餐露宿，患難與共，在寒冬臘月，踏著冰天雪地的路，不知跨越了多少山山水水，走過多少農舍村落，風雪雨天，走一程又一程，跌倒爬起，再跌倒，望著遙遙無期的長城，苦苦無盡的繼續朝前走。

三　創新結合傳統：「小全本」時代

故宮新韻《長生殿》，兼談〈夜怨〉

蘭庭崑劇團在二〇〇九年決定排演故宮新韻的小全本《長生殿》，其中有一折〈夜怨〉。在老師們生前並沒有把此戲流傳於後代，所以這個戲大家非但不會，而且不了解劇情的內容。而今要把〈夜怨〉與《貴妃醉酒》這兩個劇情結合在一起表演，使我感到有些壓力。

崑曲的老本子中有《醉楊妃》這個戲，朱傳茗老師也曾經傳授給我們，但因為很少在舞臺上亮相，漸漸地也為大家所淡忘了。而京劇的《貴妃醉酒》則在人們的心目中有較為深刻的印象，貴妃在飲酒時，由高力士、裴力士兩個太監搭配，酒醉後又有一排宮娥作陪襯，顯得比較熱鬧。而〈夜怨〉劇本中的貴妃飲酒時是由永新、念奴二宮娥侍候上酒，臺上三個旦行一臺戲，在情節色彩上不免略見遜色，且也怕整體表現上太單調而顯得冷清清，影響戲的高潮。如何設計編排，使它能夠呈現在舞臺上演出，這個難題在頭腦裡思索良久，經過反覆的構思，終於有一個大致的框架。接著再仔細認真閱讀李惠綿老師新整編的〈夜怨〉詞意，沿著這條思路開展布局。

首先是在道具的表演上，不能雷同京劇的貴妃，同用一把金扇，須有所區別，以別開生面的表演風格體現貴妃的特殊身分，所以改用團扇。團扇起源於宮庭，稱「宮扇」，貴妃用它頗為貼合。一開場，她已整妝就緒等待君王的到來，可是左等右盼，不見君王影，她因此隱約感到焦躁不安，她帶著急切的心情執扇匆匆登場，想得到一點信息。恰逢宮娥來報，說皇上暗約梅妃在翠華西閣幽會，聞聽此言，貴妃情緒一落千丈，集三千寵愛於一身的她，意識到寵愛旁移，深恐自己失寵，此時的貴妃是非常的失望、惱怒、怨恨。但她不敢惱怒君王，只能在心裡暗暗的怨他。此時，在唱做的過程中，怨與怒的表情須交織在一起，利用團扇的動作，輔助她內心獨白的表現。如拂扇卻搧不去心中的怒氣，手繞扇子穗子表明她無法驅散心中的憂愁，解不開重重的心結。她怨風流如君王，不該移情別戀、背棄盟誓；她怒恨梅妃妖豔惑君，奪她之愛。她害怕因此而動搖她的地位，霎時間，孤獨、恐懼、怨恨統統襲上心頭，這些起伏的情緒，通過團扇動作而不時變化，幫助演員在表演上解讀、體現人物內心深處的傷痕和無奈。

她徘徊在難以解脫的痛苦之中，坐立不安，命宮娥上酒，欲藉酒來為自己排遣解悶。宮娥奉命上第一道「合歡酒」，貴妃聽到合歡之詞，眼前即刻浮現皇上與梅妃重溫舊情、合歡相悅，而自己卻是隻身單影，哪有合歡之情。她只能無奈接過這杯苦酒，一邊苦笑一邊把這苦酒吞下。宮娥又上第二杯「養心酒」，這下直接痛徹她的心坎，心病要以心藥醫，這養心酒豈能療養我之心病，她望著這杯中酒，在怨痛交加中慢慢的把酒喝下。宮娥繼續上第三杯「消愁酒」，這時她已經有點醉意，睜開朦朧的雙眼，快速的拿起酒杯一飲而盡。不料酒入愁腸，傷心亦且傷身，腳底綿軟搖晃，似踩踏著浮雲棉毯，顛顛倒倒難以支撐。此時的表演則以水袖來配合，她搖搖晃晃、欲進而退，輕飄飄地站立不穩，在大幅度的抖袖、甩袖、飄袖、拋袖的舞動中展示其醉態。但她其實似醉非醉，酒並沒有解脫她的煩惱，去除她的心結，明皇與梅妃的身影始終在眼浮動，竟是舉杯消愁愁更愁。當一輪明月清澈地照在寢宮，便顯得她形單影隻、衾寒枕冷，昔日萬千寵愛，輕憐蜜語，形影不離，但今日卻倍嘗淒涼孤單滋味，其間落差，實在難以言喻，亦難以承受，思來想去，愁腸滿懷，今宵不眠，此夜難度，思及至此，胸中的怨火越燃越烈。隨著情感的升騰，水袖也隨之採取強烈的誇張動作，用雙水袖折起半垂於臺中間，原地畫圈快速平轉後下板腰，表明她酒醉而不能自控其怒，最終跌倒在地的失意失態。為了把人物情感推向高潮，因而採用這誇張的表演手法，意在突出貴妃酒入愁腸愁更愁的傷感意境。

〈夜怨〉是《長生殿》的第十八齣，但一直以來極少在舞臺上搬演，推想可能老師們認為這齣的情節和〈絮閣〉有點雷同，為了避免重複，而沒有刻意整編，因此也沒有流傳下來，原先我也不清楚存在這一齣戲，但後來因蘭庭演出《故宮新韻——長生殿》，重為整編《長生殿》，而注意到這一齣戲，這才拾起來細加琢磨一番，我也才真正接觸了〈夜怨〉。

在編排〈夜怨〉時，蘭庭崑劇團的王志萍團長希望將「醉酒」這個元素加入這齣戲中，劇本的整編者惠綿老師也加入一起討論，而張老師從曲文部分下手，大家集思廣益，商量著怎麼適當地化入「醉態」。惠綿老師提出希望借用「三杯酒」的典故，但我覺得還不夠合適，最後我們決定讓這「三杯酒」來象徵楊貴妃的愁煩，其中帶有對梅妃的醋意和對君王的埋怨，第一杯放合歡酒，因為永新念奴希望帝妃能合歡永諧，天長地久。第二杯則用消愁酒，第三杯用養心酒。初步的編排出爐後，我始終覺得整體的舞臺表現略顯單薄，比如京劇的《貴妃醉酒》有八個宮女攙扶貴妃下臺，這樣的舞臺氛圍相對熱鬧、繽紛，可以烘托渲染氣氛；但這種表現方式卻不適合放在崑曲舞臺上，因為崑曲中為顯示貴妃醉後的嬌慵以醉步、醉眼等呈現其醉態，但此時演員的膀子需配合動作與情態自然地鬆鬆垂下，讓水袖飄、垂、繞，並再揉入一點下腰的身段來飲酒，這樣的編排和設計著重在一個醉字和慵字，並且用腰肢來支撐整個表演核心，最終是以一種柔軟的、悠慢的姿態放下酒杯，這和京劇中以口銜杯，相形之下較剛硬、俐落的表演有著很大的不同。

三杯酒飲盡，月光照進寢宮，清輝泠然皎潔，不由得讓她想起了自己形單影隻的境況，再對照唐明皇此刻與梅妃的恩愛和樂，淒然者愈加淒然，歡欣者愈形歡欣，迴盪在此的愁怨孤寂，也就更加深沉了。在這個部分，我大抵是用眼神、擺腰等等來體現。由於飲酒沉醉，貴妃在宮女面前有些失態，因此，我在設計身段的時候，也想過閨門旦是否適合旋轉、下腰？有人問我的話，我會這麼回答：我認為貴妃是能歌善舞的人，她雖然醉態可掬，依然可以用水袖來凸顯她心中翻攪的醋意和愁緒，也讓觀眾看到貴妃即便是醉了亦能舞蹈，姿態依舊美不勝收，甚至還帶一點微醺和輕愁，這種風姿想必格外動人，更遑論平常時？其美恐怕是難以言傳描繪的吧！

至於〈窺浴〉這折也是《長生殿》裡面就有的，但觀眾並不能直接看到明皇和貴妃共浴，而透過兩個宮女的對話，間接地窺見明皇和貴妃的生活。

剛開始排練的時候困難重重，因為這個戲老師也沒教過，自己也沒在舞臺上看過，換言之就是全部要原創。在劇本中，永新和念奴本來是老旦應工，但我整編的時候換成了宮女，再加上高力士，三個人同臺把戲做足，主要用永新、念奴的肢體動作和對唱時候的表情聲腔來進行彼此交流，而觀眾則透過他們的交流，與舞臺上的演員交流，形成「觀眾看我們，我們也在看觀眾」的況味。所謂「窺浴」，就是透過永新、念奴的眼睛和描述，讓觀眾想見明皇和貴妃的纏綿情景。後來舞臺演出以後，獲得了不錯的反應，很能博觀眾一粲。其中〈小宴驚變〉、〈定情〉也都是固有的再加上一點新意與細緻，讓整體表演更豐滿一點。至於〈密誓〉也是新編的，從前沒學過，都是自己一點一點琢磨出來的。因為看不到任何新編的斧鑿痕跡，觀眾都以為是老師們傳下來的戲，其實這就是基礎的功夫扎得深了，自然變化運用於無形。

增補故宮新韻小全本

蘭庭崑劇團推出的小全本《長生殿》的演出，是由臺北故宮博物院，在即將展出一幅明皇幸蜀圖之前，由故宮的處長朱惠良，和蘭庭團長王志萍共同商議，合作而編排的。全劇演出的時間，要求在九十分鐘內，目的是為配合故宮展出的明皇幸蜀圖的解讀。讓觀眾去展廳之前，先進到劇場觀看立體畫面的舞臺表演，呈現明皇幸蜀圖畫卷故事的來龍去脈。

接著志萍邀請臺大中文系教授李惠綿前來共同討論磋商，經過世錚對劇情發展的構思，提出方案，和劇目前後順序的編排，即〈賜盒〉、〈夜怨〉、〈密誓〉、〈窺浴〉、〈小宴〉、〈驚變〉、〈埋玉〉，再用老生李龜年把〈彈詞〉的唱段，貫穿全劇的發展和結局，最後請惠綿老師執筆，突出主幹，刪除一些旁枝，濃縮了李楊兩人愛情的始末，根據惠綿老師筆下的人物，世錚先整理曲譜，把有些唱腔進行修改，像〈夜怨〉、〈窺浴〉等等。隨後進入排練。世錚擔任主排，我負責身段設計。唐明皇由蘭庭駐團小生溫宇航和復興京劇小生曹復永以及曲友黃國欽主演，楊貴妃由陳美蘭、朱安麗和蘭庭團長王志萍飾演。全劇呈現舞臺上表演的只有九個演員，那就是李楊兩人，加上高力士、李龜年、陳元禮、永新、念奴和兩個太監。

崑曲舞臺上的《長生殿》，光是太監宮女，一般就要十幾個人出演，加上有名有姓的角色，整個舞臺上總是鋪得滿滿的。再加上燈光舞美的烘托，排場熱鬧華麗，展現出一派皇家氣勢，而今演出的《長生殿》按傳統一桌二椅，只用九個演員來撐起一臺戲，倒顯得有點冷清，若要吸引觀眾的視覺和觀賞的興趣，舞臺上每個演員的表演，一定要以情取勝，以情動人感人。

正因為這樣的緣故，我們每一次的排練和設計、每一折戲都務求抓住人物情感中心，重點如〈密誓〉，唐明皇和楊貴妃在長生殿內，面對雙星盟誓，體現兩人的濃情蜜意，要亮出歌喉，要用優美的聲腔伴隨柔美的舞姿，再攜手相依相擁相抱中，體現皇家夫妻的恩愛和恩寵。

故事急轉直下到〈埋玉〉，這是本劇的高潮戲，排練時，採取傳統的模式和新的手法搓揉在一起，當貴妃用顫抖的手接過高力士手中的白綾時，先是雙膝跪地，拜別皇恩，起身後把白綾一端下垂落地，貴妃手執白綾另一端，慢步前行，透過一條拖地的白綾，象徵貴妃將走向不歸之路。當她抬頭望見寒風中巍顫的梨樹，彷彿在向貴妃招手，恍惚之間，貴妃意識到自己的生命即將到盡頭，耳邊響起她和唐明皇的誓言：在天願作比翼鳥，在地願為連理枝，她眼前卻只剩下荒蕪蒼涼，軍士們無情的嘶喊，震耳欲聾的殺貴妃之聲，催促著她往黃泉路前行，她把白綾拋向上空，雙手將剩餘的白綾在胸托起，以魂魄飄盪的意象來演繹絕代佳人的不歸之路。

這小全本《長生殿》的排練，讓我和世錚肩上的壓力很沉重，全劇只有溫宇航是專業的崑曲演員，其餘的演員都需要我們更多的關照和叮嚀。但從演出成果上來看，溫宇航的唐明皇扮相俊雅，人物情緒豐滿，頗有官生的氣質和帝王的風度，嗓音宏亮、唱腔悅耳動聽。他的表演持重、沉穩細膩，讓整個演出能夠更趨安定。值得一提是他的一雙眼睛，光亮的神采，能把人物的內心表白，在唱做並重的演出中，區辨出層次來。尤其是溫宇航的表演能傳遞、喚發同臺演員的表演激情，共同深入生動的情境，如磁石般吸引觀眾的心弦，首場扮演楊貴妃的陳美蘭，嬌美柔情，她入情入戲，把貴妃失寵的失落心態和重受恩寵的歡悅，以及生離死別的感情，詮演得層層起伏，深入人心。

綠葉配紅花，扮演永新和念奴的楊莉娟、錢宇珊在〈窺浴〉的場景中，把明皇、貴妃沐浴的情景，通過聲腔和身段的表白，交代得鮮明生動、活靈活現，富有戲劇性的趣味。舞臺上的九個演員，各個精神飽滿，深入其境，齊心協力（包括樂隊的演奏員），共同投入營造舞臺氣氛，把整個舞臺演熱、演活，也把觀眾的心給抓住，沒有出現中途退場的現象。

故宮館長在宴請的席間，他曾說：「我本來只想看一會兒就要離開的，但越看越有味，把全劇都看完，旁邊有觀眾看到貴妃之死而流淚了。」

慶賀蘭庭製作的故宮新韻《長生殿》首場演出圓滿成功。

《獅吼記》創作點滴

上海崑劇團所演出的〈遊春〉一折，在剛開始時安排有船，但實際上船會讓整體舞臺地位調度受到限制，因此，到了浙江崑劇團演出時，就將場景改在陸地上演出。但是，我認為整體的畫面呈現不夠美，畢竟，一年四季中，以春季為最美；而蘇東坡和陳季常是風流倜儻的文人雅士，琴操是個青春女子，因此，整折戲的搬演，應該要富有春天的氣息更好。在崑曲表演中，風流小生慣以搧扇子傳達其瀟灑不羈，而這折戲中有兩個文人，因此就有兩把折扇，女性角色琴操就配一把團扇。舞蹈時，就以三個人的身段調度和造型為主。

這折戲中有一段唱是集體合唱，並以唱來作舞蹈動作（補唱段），意在把春天萬物復蘇的葳蕤氣象和才子的風流蘊藉融合起來，並在第二場著重烘托出來，以做為第三場的鋪墊。

和傳字輩老師學這齣戲的時候，有〈梳妝〉、〈跪池〉和〈三怕〉，但沒有〈遊春〉。〈三怕〉是傳統舊有的，土地婆拿把刀唱「天殺的」，反倒是現今較常搬演的〈遊春〉，這戲是後來才加上去的。

臺崑版《獅吼記》希望加入〈遊春〉一折，但又希望能與蘭庭的版本有所區別，因此，臺崑特別邀請我去排〈遊春〉。而當時排的版本則是再調整場景，讓演員坐在車子裡，如此一來，兩個版本就有了差異性。而這樣的調度，則是依照老版來進行，因為老版的〈遊春〉，就是兩個人坐車子在舞臺上跑來跑去。

至於〈梳妝〉的話，亦和上崑常搬演的版本有所區別，額外增加了斗篷動作，還增加一點表示夫妻間恩愛情味的改動，這些動作以優美流暢的舞蹈動作為主，意在傳達兩人之間流轉的情意。

四 教學理念

入門的基礎訓練

1. 規範站姿、膀位動作

剛入學的戲曲學生，來自各地，出身自不同家庭，成長過程中秉受不同的家庭教育和環境影響，自然而然在舉動、姿態、氣質上各異。然而此時的他們如同一張白紙，對戲曲懷抱著喜愛，並擁有好奇而熱切的夢想。為師者將他們引領進入學習的殿堂之前，需要有一個良好的開端，所謂「學貴慎始」，任何的學習，其起點必須要正、要嚴，這就是「沒有規矩不成方圓」了！因此，所有的戲曲學生，都先從站立的姿態入手，務求「站如松」，不允許有鬆鬆散散、歪歪扭扭的姿勢出現，必須規規矩矩、端端正正，精神振作，挺拔而飽滿。先做到「站立有相」，再啟動後續的學習。

而開課訓練時，則應從膀位入手。山膀、雲手是基礎訓練的先鋒，老師會要求學生必須打開雙臂，伸展雙膀。這樣的要求能讓雙臂、膀在胸前左右分開抬起，與腋窩分離，保持適度的距離，而其目的便訓是練臂、膀的力度和耐力，這也就是所謂的「練功架」。

膀位動作的訓練有雲手、山膀、單山膀、托膀、順風旗等等。膀位動作看似簡單，但在整套動作的合成中，必須要注意到學員的動作，看其前後、上下、左右之間的間隔距離是否協調相稱，高低之間是否保有圓匀的骨架。膀位動作主要以伸展來改正，並避免夾膀子的毛病，以求端正肢架，固定手、膀、臂的定位。對於初入門的戲曲學生來說，膀位是通向指法、身段、水袖等基礎學習的橋梁。

2. 臺步（青衣臺步、花旦臺步、圓場）

旦角的臺步分好幾類，舞臺上表演常用的有青衣臺步、花旦臺步、老旦臺步、圓場、雲步、雀步、跪步、蹲步、搓步、跌步等等。但主要以青衣、花旦臺步和圓場為主。在訓練時，亦以這三項臺步為重點，其它一些特定的臺步，則穿插進行練習。

臺步是重中之重，基礎之首。人們把臺步稱作「百練之首」，所謂「上臺先看一步走」，臺步，是衡量一個演員功底深淺的標誌。所以臺步的練習貫穿始終，它和吊嗓子一樣，不可一日無此功。

訓練時以「青衣臺步」領先，行走時身體端正，雙肩下垂、拔背、收腹、收臀、全身放鬆，雙手指持蘭花掌，放於左側腰腹之間，左手在上，右手在下，兩腋鬆開，雙臂膀略成圓形，頭抬平，雙目向前平視；每走一步必須勾腳面、翹腳尖，當一隻腳向前邁進並踩踏時，後面一隻腳的腳跟相應隨之起動，兩腳之間前後交替換步，相當密切；後方腳的腳跟要踏落在前方腳尖的側旁，也就是腳指的第三節方位，而不能直接踩立在前面腳尖的中間，以免僵硬。

而臺步要走得平穩，關鍵在於對「膝蓋」的運用。膝蓋的分量要把握好，並且要維持一定的彈性，每向前走一步，膝蓋應略為彎曲，鬆弛，不能綳得很直，不然會出現撅屁股、挺肚子、上下跳動、左右搖晃的一些毛病。

臺步必須以「腰」為軸心，以腰帶動雙腿、雙腳和膝蓋之間的互動。「青衣臺步」

在崑曲舞臺上以閨門旦、正旦為主，所以在行走時姿態必須端正，莊重穩健，腳踏實地，一步一個腳印，用嬌美的姿態，溫文爾雅的神韻款款而行。

「花旦臺步」在整體規格要求方面與「青衣臺步」相同，然而走步子的速度要比青衣臺步略微快些。「花旦」在崑曲旦行內稱作「六旦」、「貼旦」，一般而言，人物設定的年齡比較小，約在十三、四歲上下，整體形象較為活潑、俏麗。而花旦臺步行走時的手勢分單手或雙手。單手走臺步時，左手持蘭花掌插腰，右手握蘭花拳，在胸前上腹部中央，輕輕地左右來回甩動；當蘭花拳向左邊甩動時，它的定位應在胃部下方的正中，右手的蘭花拳向右外側甩開時，手膀宜與身體保持適度的距離，臂膀不能伸得很直，而要自然地略微彎曲，若換手行走時，則與前面的規格要求相同。

繼而則是用雙手練習，如此一來，雙手掌都要捏成蘭花拳，走動時雙手在前腹向左右來回甩動，當其中一隻手甩到前上腹的中間時，手的位置也必須在胃部正中的下方，不能偏移超越。花旦臺步的節奏明快跳躍，輕巧靈活，要走出她開朗活潑的利索性格，以輕鬆自如的步履，烘托其天真可愛，討人喜歡的模樣。

前面說到「臺步訓練」是基本功的「重中之重」，那麼「圓場」，就是臺步訓練中的「重中之首」。故在訓練時要十分嚴謹、仔細，必須全方位的顧及到位。

開始練習時不要著急於把步子走快，而是要把上下身的肢架姿勢，以及行走時的腳步位置先擺正確，重點在講求「全身放鬆」，尤其是肩、頸、膀、頭各部位，但所謂的放鬆，必須在「控制之中」，以求做到「鬆而不塌」。

膝蓋也同樣要放鬆，不能繃緊，而要略微彎曲，走動時同樣要求提氣、立腰、收腹、收臀，雙腿兩膝蓋內側盡量併攏，不要分開。圓場特別強調步子走得小，速度快，如果膝蓋內側在行走時鬆開，則會造成腳步鬆散、拖沓、行進不緊湊的現象出現。

圓場在起步時，應以「半步」為始；所謂「半步」，就是當一隻腳向前邁進時，後面緊跟的一隻腳，不要踏落在前面腳的腳尖前方，而是要把腳跟踩踏在前面腳的內側中央腰眼處。圓場從半步起動，目的在於腳步要小，起始時的速度不宜過快，一步一腳印，踏踏實實的走穩了、走順了，然後才逐漸加速，步步提升，這樣一來，腳上的功夫自會不斷長進。

而圓場在行進間姿勢很多，有順風旗，有單山膀，有托舉水袖，也有水袖下垂，無論採用何種姿勢，在行走時雙臂、雙膀、臀部、腰部都絕對不能搖晃擺動，也不能上下跳動，這些動作都是犯忌的。而腰是軸心，必須依靠腰的力度來掌握形體的各部位。一般將圓場歸類於臺步，而青衣、花旦的臺步，「行走」稱作「臺步」，「圓場」一般都叫「跑圓場」；顧名思義，它的速度是在「跑」，甚至於是「奔」，正是所謂的「行如風」，步子要輕盈、穩健、疾步如飛，而軀體紋絲不動，如一陣風似的飄閃而過，感覺如在雲裡行，水中流，以飄然空靈之美為尚。但要達到這個水平，不僅非一日之功，還必須狠下苦功，日復一日，年復一年的苦練，才能取得收穫，畢竟，成功是要付出代價的。

3. 指法（原地花旦指法、花旦指法組合）

指法練習的開端應以原地站姿為主，無論是學青衣或是花旦，指法均乃必修之課。而指法的手式，有蘭花掌、蘭花指、蘭花拳，這三種手式各有用途——蘭花掌主要用在手的擺式，如托掌、舉掌、按掌、翻掌等等；蘭花拳是用來走花旦臺步的手式，此外山膀、雲手在練習時也用蘭花拳，在舞臺上若是發怒時，亦是用蘭花拳舉手來打人；而蘭花指是用來指物、指景、指方向等等。手指的啟動必須要依靠手腕的力度和柔軟度，手指前前後後的行動，均是以手腕來引領，不可以使用雙膀的勁，一定要用手腕來帶動手膀，否則指法會顯得僵硬而缺乏柔軟的彈性。指法的練習，無論指高指低，指東指西，一定要求「眼到手到」，而頭部也配合、跟隨眼睛及手指所指的方向一起行動，腳步則由原先的踏腳，依循著指法而向左向右；至於前後指的時候，腳步亦在原地配合移換或進退。

在訓練膀位時，因為都是一些擺式動作，所以可用一二三四喊口令的方式來進行練習；而指法則是念你、我、他、天、地、日、月來代替喊口令練習。但對此我總覺有些單調乏味，因空洞無物，難以用神帶形，沒神就缺乏閃光點。

為此，我自編了一套指法教材，以春天復甦的景象為內容，激發學生對學習的興趣和熱愛。起始由我邊教邊念，學生跟著仿效，待熟練之後，則改由學生自己操作，如同念臺詞一樣，邊念邊表演。詞句的大意是：小鳥在枝頭報春啼，小鴨在水中嬉水，小草破土蔓延伸，百花競相爭豔開，垂柳蕩漾似擺腰，蝴蝶翩翩歡起舞，蜂兒花叢忙採蜜，青山披綠裝，白雲朵朵飄……等。雖然詞不成章，但也頗能表現復甦的春天生機。

而花旦指法便借助這些生機勃勃的春色景象，以景生情，以神帶形，不斷修練，不斷提高，頗有成效。

花旦指法組合是在膀位、臺步、圓場及原地指法的基礎上，把所學過的單片零件揉合在一起，化零為整，提煉成一套成品，以流動性的指法組合模式，加強訓練。

指法組合我亦是著重於呈現春天的美景，並設有上、下場的動作——在「九龍口」亮相，時而整花、整裝、開門、出門、關門，在風和日麗，春光明媚的田野裡，用臺步、圓場、觀景、撲蝶、登山等動做表現景觀。當見到滿山遍野的鮮花綻放時，興高采烈的拍手，繼而用捲袖、小步穿越在灌木花叢之間，欣喜地擁抱大自然，沉醉在春意濃濃的大自然中。同時，亦採用蹲步、吻花、臥魚等來表現其喜悅之情，接著用摘花、戴花、雲步、雀步、踮步、屁股坐、彈坐、提鞋、落花、尋花、拾花等這些虛擬的肢體動作，並融入眼神，目的在將遊春的心情以及景物之美，真實地展現出來。運用這樣「形式化」的訓練方式，能有效地提高形與神的運用，並讓各項基礎功循序加深、增進，如此一來，自能喚發學生的表演激情，開發智慧，同時也引導他們懂得什麼是舞臺表演區域，以及每個不同的表演角度，這些訓練的目的均會為日後排戲奠定良好的基礎。

4. 水袖功

指法與水袖都是戲曲表演技巧中不可缺少的重要元素，如同人們日常生活中的衣著，必不可少。水袖不僅為人物增添服飾上的美感，又是舞臺上一道如水晶般晶瑩飄逸、奪人眼目的風景。水袖既能表現意境，又可展示人物內在的思緒轉折，能出神入化地把人物要表達的情感推向極致！所以在訓練水袖功時，態度要仿效書法的正楷，嚴謹、認真、規規矩矩、方圓稜角有致。

水袖動作的名稱種類很多，舞臺上常用的有抖袖、內外折袖、撥袖、穿袖、舉袖、耍袖、托袖、翻袖、繞袖、抛袖、甩袖、飄袖等等，不一而足。表演時最常反覆使用並貫穿全場的水袖，便是「抖袖」與「撥袖」，這二個動作看似簡單，做起來卻很不容易，所以在訓練時務必反反覆覆的練習。如何使水袖在腕膀上輕輕地抖落，並可以在三次振腕之內把水袖撥起，露出雙手，使水袖又重新回歸到原來的腕膀之上，這一技巧，絕非一日之功能完成。

水袖在運作時，先要把姿勢站好，然後將雙掌掌心在胸前交叉、翻手腕。預備好後，先將水袖輕輕的向前抖出去，再從大腿外的兩側將水袖往後收攏回來；之後再用雙手手腕和中指的力度與巧勁，在胸前把水袖撥起來，歸攏於腕膀之上。在做撥水袖這個動作時，千萬不能將雙手手掌相對，而須將手指朝向觀眾，輕巧地將水袖撥起，然而，這是長水袖用的方法，不能用在傳統水袖之中。此外，還須強調一點，水袖在撥起的過程中，只能用手腕手指的力度，不能把勁使在臂膀上，而且撥袖時雙膀不允許上下跳動，眼睛則要平視前方，臉上肌肉放鬆自然。同時要注意，不可在撥水袖時，因感到緊張而將雙眼盯著自己手中的水袖。這一抖、一撥的水袖動作，要抖得自然、飄逸，撥起時顯得輕鬆而流暢。在初練時，確實顯得困難，但只要這二個動作的基礎打好了，其他水袖動作也就迎刃而解了。

還有一點要特別指出的是，旦角的水袖身段一定要柔美，在做翻袖、托掌或舉掌這一些動作時，手位的高度要規範，不能超越頭頂，否則會顯得武氣而缺乏美感。最正確的手掌位置，應擺在耳朵的斜外上方，這樣的距離與姿態，恰如其分。總而言之，旦角的水袖無論是一抖一撥，或一折一翻，都要講究恰到好處。若是靜態的擺式造型，要凸顯大器優美，亭亭玉立，靜若處子，令人觀之如觀一幅仕女畫卷；而在舞動時的千姿百態，則如雲卷雲飛，時起時落，柔韌交織紛呈，美不勝收。

5. 扇子功（團扇、折扇）

經過以上各種的基礎訓練，可以使學生初步掌握一些動作的規律性以及要領，懂得應該膀圓、立腰、提氣、緊背、收腹、收臀、鬆肩、鬆膝等基本概念，如此一來，便可使用道具進行進一步動作訓練了。崑曲旦行表演時，或持團扇或持折扇，這是二種不同類形的扇子道具，在表演上也稍有區別，然而都非常優雅美觀。指掌間翩翻著一把扇子，點綴增彩，更添動人、可觀之處。

團扇一般以花旦表演為主，如《西廂記》的紅娘，《牡丹亭》的春香，她們手持團扇，以各種靈巧、輕快的動作來顯示其天真活潑的個性。團扇是用各種不同定位的扇面形狀來表現情景、物質和心情，有指扇、掐扇、背扇、舉扇、托扇、胸扇、拍扇等動做表達。團扇柄的末端，裝有一條別緻漂亮的穗子，它亦是輔助表演的小道具，如在表現高興時，可用它來耍一耍，甩一甩；思索時用它在胸前捻一捻；還可以用搖穗子、轉穗子、盤穗子等這些小動作，也能展現其天真爛漫的開朗性格。

折扇以閨門旦表演為主，尤其是出身大家閨秀者。而持扇之人亦有講究，不同的身分有不同拿法，有文胸武肚之別。文人墨客具有書卷氣，用扇時在胸前輕輕的搧動；而較粗武者，擺動扇子的幅度則較大，搧動時連胸帶肚一起搧。這種差異提醒我們，做身段時不能忽略文化內涵，所以在訓練時應特別注意規範，優雅文靜，是大家閨秀必備的氣質。

折扇在表演時，開、折並用。舉例來說，開扇時切莫用單手把扇子「啪」的一下打開，這種粗獷的動作對閨門旦是不適合的，同樣在折扇時也不能把扇子一把捏起來。扇子在開合間必須悠然雅致，端莊規範。開扇時應用雙手把扇子在胸前慢慢地、平整地展開，折扇時則要用雙手指一輪一輪的把扇子合併起來，而且要合得整齊，不能合成半開半折，這是需要練習的「功夫」。同時，要注意到，折扇動作還分成提扇、抖扇、舉扇、掌扇、穿扇、移扇、抱扇等，每個不同的扇子造型都應保持姿態端正，舉止優雅，氣度大氣文靜而秀麗端凝，任何一個扇子動作都不允許聳肩、夾膀、勾頭、扣腕等現象出現，掌扇時膀子不能舉得過高，尤其切記不能超越頭頂。總之，折扇動作一定要展現美觀、雅致，要具有「墨香味」，才能烘托人物的魅力。

《牡丹亭》的〈遊園〉一齣裡，杜麗娘和丫鬟春香兩人各持折扇與團扇，在花園內遊玩賞春，各抒情懷。春香看到萬紫千紅的景色，欣喜得心花怒放；杜麗娘卻是滿目良辰美景奈何天的無限傷感、傷春之情。兩人各持扇子邊唱邊舞，手中的扇子此起彼伏，有分有合，錯落有致，在翩翩起舞中配合得十分密切，非常合拍，每個造型都有雕塑般的美感。前面說水袖是一道亮麗的風景，那麼扇子則是一幅如詩如畫的優美意境，這便是崑曲的特色，載歌載舞。

6.眼睛是表演的核心

形體身段與眼睛，這二者是相輔相成，緊密相連的，訓練時萬萬不能分割，務必同時進行。當身段動作開始啟動，就必須要求眼睛緊緊跟著手指的方向，往同一目標看，這是用手指的行動來帶動眼睛逡巡，叫：「手到而眼到。」任何基礎項目的訓練都是由淺入深，從簡到繁，是一循序漸進的過程，眼睛也同樣如此。

初始時是用「手到而眼到」的方法，然後要慢慢地轉變為眼到、手到，因為任何事物的發現必定是由眼睛領先，視覺產生思維行動，眼睛起著主導作用，如指法中「聽到枝頭鳥啼聲」一句，必定是抬頭先看，隨之用手指；又如在練習指法「春光無限美，春意撩人醉」兩句，此時的動作是一邊做雲手，一邊轉身後臥魚，此時的雲手動作無須用眼睛看手，而只須用眼睛去環顧四周的燦爛美景，進而緩緩地沉睡在春天的懷抱中！這樣做不只不會覺得呆板，反而能散發自然有情的神韻。眼睛和形體本是一呼一應，你中有戲，戲中有你，相互帶動，但是，眼睛的訓練遠比其它項目難度要高，尤其是閨門旦的眼神訓練，其難度則更大。一般情況下，閨門旦演出時，不能將眼睛睜得很大，要略微收斂一些，但也不能一直把眼睛瞇起來，其間分寸的拿捏本就不易；再加上閨門旦與小生搭配表演較多，在情感釋放時，有羞答答的神情，含情脈脈的韻致，須得內斂含蓄，眼神的收放要恰到好處。但學生在課堂上練習時，總是很怕羞，不敢表現出來，而做為老師，就要耐心、仔細的示範、講解，誘導他們先模仿學習，激勵他們拿出勇氣大膽地克服眼睛表演這一關；同時也必須指點學生：在欣賞景觀或與人物交流時，眼睛要正視對方，不允許東斜西瞄。而其要訣則是「心正」，心正才眼正，不然眼神就邪氣了，人物也偏頗了。在練習時，可以嘗試放出眼光，眺望遠處，而用收斂眼神凝聚近處，眼睛的練習開竅了，表演的三昧也就迎刃而解。

眼睛的精、氣、神，包含神情、神采、神韻等等，在表演中僅有形體之美而無神韻之致，會顯得乏味、黯然，如同一杯白開水，淡而無味。眼睛是能最敏銳、最真實反映事物的器官，從眼睛中流露出的喜怒哀樂是掩飾不住的。

俗話說，畫龍要點睛，才能體現出生龍活虎、龍騰虎躍的那種神威及氣勢。而演員則必須要具備一雙會說話的眼睛，以傳達人物的情感，引領劇情，進而牽動觀眾的共鳴。人們在生活中相互交流、溝通情感時，眼睛起著呼應與傳遞的作用。藝術來自生活，又離於生活，要表達人物的內心世界，不僅僅是靠唱念和形體的表現，而是依靠一雙靈動、有情的眼睛。我們最動人之處是眼睛，因為眼睛是心靈之竅，它所傳達的是心的聲籟、情的湧動，心中懷想的一切會自然從眼中流露。所以在表演時，心中不能是空洞的，必須要有情、景、物，然後將內心所描摹的人、事、物、情，通過眼睛的語言傳遞、抒發、渲染。所以說眼睛是表演的核心，是靈魂。

訓練眼睛難度確實極大，但必須去攻克這一關。雖然在短期內效果甚微，可是在反覆的訓練中會印記在心靈的扉頁，一旦扉頁被打開，眼睛頓然閃出火花，抓住這一閃光點，繼續前進，必然會釋放出滿目炫人的光輝。

如何以戲帶功

通過基礎訓練，將整體功法的規範提高並鞏固後，接下來就要「開戲」了。正所謂「以戲帶功」，要將前面所學習的基礎零件化零為整，把唱念做打，手眼身法步融入到人物的表演中。而我選擇了〈思凡〉、〈水鬥〉這二齣戲作為開蒙戲，並讓所有旦角學生都集中在一起學習。因為這是崑曲旦行的必修劇目，行話說：「男怕〈夜奔〉，女怕〈思凡〉」，它同時亦是功夫戲，難度很大。

先說〈思凡〉，它是一齣獨角戲，劇中有一大段唱腔，傳統崑曲在曲牌唱段中沒有任何過門，一曲接一曲，邊唱邊做，邊走邊舞，這就是「無聲不歌，無動不舞」了，演員在演出過程中沒有一點喘氣的機會，甚至在唱的過程連口水都沒有機會吞咽，在無其他角色的幫襯下，一氣呵成！沒有足夠的體力和功夫是不能做到的，這也是檢驗一個演員技巧、功力的試金石，是練功、練氣的好戲。

選擇〈思凡〉作為開蒙戲的原因，在於〈思凡〉的劇情並不複雜，唱詞淺而易懂，學生能夠理解和接受。小尼姑色空是一個樸實單純的少女，家庭沒有讓她接受文化教育，自幼因體弱而被捨在尼姑庵長大。每天在佛殿供奉香火，還做些雜活，經常能看到山門下的小和尚們鬧鬧打打的嬉耍情景，這些都引起了她的注意和興趣，也給她孤獨的心靈種下一粒好奇、冀望的種子；再加上平時又經常在佛殿內看到雙雙對對的善男信女，跪拜佛前求姻緣求子息，她內在的情感自然受到呼喚、引發，日久天長，她覺得凡俗生活充滿樂趣，讓她產生了美好的想望，慢慢地，也是自然而然地喜歡、嚮往凡俗生活。她不想日復一日的守在寂寞孤獨的尼姑庵內虛度時光，磨去青春。因此，她決心大膽地跳出佛門，解脫清規戒律的制約，去尋求屬於自己的生活。

色空性格明朗，行動膽大敢為，因此在表演上也要大膽的展放，絕對不能拘謹。開蒙戲的用意在透過這齣戲吃透人物，並把人物的情思、感知放出來、渲染透徹，同時把表演的框架打開，讓表演的火花洶湧而出，感染自己、感染觀眾，綜言之一句話，就是表演上要「放」。

第二個劇目〈水鬥〉。〈思凡〉這齣戲，主要以花旦應工，而〈水鬥〉，在崑曲旦行內屬於閨門旦飾演的。以前傳字輩朱傳茗老師和京劇大師梅蘭芳都曾經在〈水鬥〉中扮演白素貞的角色，白素貞在劇中也稱作白娘娘，她是蛇仙幻化的美女，經過千年的修練，具有一定的法術和武藝。白娘娘的表演以文為主，而又具有文中帶武，武中有文的表演特色。她知恩圖報，熱愛凡間的生活，溫文善良，對許仙的一往深情，當許仙被法海關押在金山寺內，白娘娘歷盡艱辛與小青前去搭救，跪在法海面前苦苦哀求，法海卻堅決不應允，並出動天兵神將，以武力逼迫白娘娘放棄對許仙的營救，拆散一對有情人。無奈之下，白娘娘也只好應戰，在雙方開始交鋒時，白娘娘用一套小快槍帶槍下場的槍法動作，表現她千年修練的武術；此時的表演並不是以勇猛來取勝，而是要在開打中表現出白娘娘的幹練、穩重、英姿優美的身段姿勢，同時呈現出人物的特性。前面教的〈思凡〉是一齣獨腳戲；而〈水鬥〉是一齣雙人舞，身段繁複多變，文武交錯，兩人邊唱邊做，邊走邊舞時，節拍、氣息要相同吻合，進退步調須一致。尤其在曲牌【四門子】的雙劍舞中，兩人手中的雙劍婀娜多姿，時分時合，時起時落，翩翩起舞，要配合得絲絲入扣，整齊默契則似乎合二為一的境地，這是崑曲的特色，又是功夫的呈現。

我之所以選擇〈思凡〉、〈水鬥〉這二齣劇目的原因有二個：其一，這二齣戲的唱段多，身段舞蹈多，文武兼備。〈水鬥〉中的白娘娘，雖然屬於閨門旦行當，但在表演中以文帶武，有許多武功的身段動作，節奏緊湊，環環相扣，絲毫不能脫節。而演戲必須多面、多元化，不同的環境，不同的人物性格，則會表現不同的感情。文武戲搭配學習，加強表演的激情和節奏感，剛柔相濟，互補互惠，是磨練藝術和意志的功夫戲，藉此進一步提煉四功五法的基礎功力。基礎根深蒂固，排戲則水到渠成，這才是以戲帶功，以功促戲的舉措。其二，通過這二齣戲的學習和排練，再根據學生的自身條件，以及在表演中各具有善歌、善舞、善文、善武等不同特點，劃分行當，從此各就各位，開始步入屬於自己行當的專業修練。

補充如何以戲帶功：啟蒙戲的選擇

我們崑大班同學在小時候學的啟蒙戲是由傳字輩教師親授的，《長生殿・定情賜盒》和《浣紗記・打圍》，這二齣戲除了兩個主人翁之外，基本上是表現群場的場面較多。大家一起學唱同場曲，排列集體的群眾隊形和調度畫面。開始時覺得很有趣，跟著隊伍走來走去。可是一學到楊貴妃時心裡非常害怕，因為要面對男主角，配合劇情做羞答答的表情，有時還要彼此牽手相擁，不免感到拘謹害羞，一對上戲就不敢正視對方，不敢做表情，更理解不了楊貴妃這個角色，既要表現得嫵媚嬌羞、風情萬種，還得兼具雍容華貴的氣質。在排戲的當下，滿腦子都是空空的，只是從外在表面跟著老師生搬硬套地學。這二齣戲學完之後，男女同學開始分行當，我被分在朱傳茗老師組，開始學習閨門旦。此時第一齣學的戲正是〈思凡〉，當時我就感覺：呀！這小尼姑可比楊貴妃容易學。雖然動作多、唱段多，但是這個人物，我能夠懂。而其中最主要的原因，是沒有男生的搭配，減少了許多心理壓力，也因此在過程中開始真正對學習產生了興趣。因此，我是根據自己的切身體會，選擇以〈思凡〉、〈水鬥〉作為開蒙戲，同時文武搭配的劇目學習，增強了學生的養分，全面掌握表演技巧。

數十載耕耘，有感而發

有一首歌叫〈小草〉，它的歌詞是：「沒有花香，沒有樹高，我是一棵無人知道的小草。從不寂寞，從不煩惱，我的夥伴遍及天涯海角，春風啊春風，你把我吹綠，陽光啊陽光，你把我照耀，河流啊山川，你撫育了我，大地啊母親，你把我緊緊擁抱。」許多年來，這首歌一直在我心中迴盪著；小草能擁有這般飲水思源、知恩圖報的美德，它的精神，它的胸懷，它的境界竟是如此寬闊而坦蕩。而小草更沒有去攀比，沒有去攀附，也沒有爭名奪利，沒有炫耀自己，也沒有自卑氣餒，它始終平靜而歡快，把濃濃的綠意和清涼給大家，具有「人到無求品自高」的境界。小草這種「虛懷若谷」的氣度，無時無刻不惕勵我，要無私無怨地為梨園耕耘而努力付出，把握好啟蒙教學此關。

我不自詡是一位「名師」，而我但願能成為一位「明師」——要明白做一名教師肩上所擔當的重任和期望。

我自幼浸淫學習崑曲，崑曲的高雅、優美，滋養孕育我的人生，我理所應當給予回報。在教學的領地上，幾十年來為培育人才努力耕耘，我擔當著啟蒙教育的重任，兢兢業業地做一個從最初的開墾傳播，逐漸把學子引領到藝術殿堂的導師。在這期間為人師表者，言行舉止，都會給學生留下深刻的印象，伴隨他們一起成長，影響他們至深至遠。而課堂上的教學則是學生的一面鏡子，一舉手一投足都映入學生的眼簾，也烙印在他們心底，他們會亦步亦趨地仿效、追隨，因此，啟蒙時的基礎教育扎實與否，直接影響日後的藝術生涯，所以啟蒙教學的責任極為重大，教師自身應具備高度的藝術道德修養，和行之有效的教學方法。

基礎的範圍很廣，有毯子功、把子功、形體、唱念，毯子功包括有硬毯功、軟毯功、腰腿、觔斗等；把子功有刀、槍、戟、劍等各種藝術兵器；形體有分文武身段，文有臺步、指法、水袖等，武身段有起霸、走邊、趟馬等，綜合以上各個項目稱之為基礎。而形體是基礎門類中的一個組成部分，於我而言，形體教學的啟蒙十分重要，正所謂「萬事開頭難」，頭一定要開得好，一旦頭開得好了，路就能走得正，這才是通向成功之道。學生剛開始的一招一式，就要給予嚴格規範，要求正、穩、細、美。所謂「正」，是指教的東西一定要正，不能潦草，萬不可馬馬虎虎的走過場，必須像小學生練習書寫的正楷一樣，一筆一劃，一撇一捺，規規矩矩，方方正正，每個動作具有一身正氣的派勢，稜角分明，骨架端正。

「穩」指的是在教學中必須循序漸進地扎實向前，必須用山膀、雲手開蒙，不能超越規律，用扇子、水袖替代；也不能急於求成，貪圖表面現象，把應該內化的東西教得零碎，繁雜似蜻蜓點水，浮於層面。這種眉毛鬍鬚一把抓的結果是非驢非馬，一點實效都沒有，所以必須穩穩當當，踏踏實實的一步一個臺階地向上行進。正如平地起高樓，地基必得要扎實，建築於其上的房舍才穩固，而穩固便是基礎的奠基石，穩才能少走歧路，才能揚起風帆，駛向陽光的彼岸。

所謂的「細」是指「穩中求細」。教師務須認真仔細的教，仔細的示範，仔細的講解誘導，仔細的觀察學生所練習的一舉一動，發現有不正確的地方，不能放過，應及時給予糾正，任何小毛病都要在萌芽中解決，絕不能留下後遺症，以免日後養成了壞習慣，改正不易，徒然耽誤自身。因此，教師心中要有把計量尺，仔細地在教學流程中觀察每個學生的學習進度與效力，來提高學習質量。

最後是「美」，凡是藝術門類，目的都在突出渲染一個「美」字。戲曲的形體，身段也是一面絢麗多彩的旗幟，飄揚在幕前幕後，動人心魄。形體，乃是用肢體的語言，表現各式各樣不同的姿勢、體態來烘托人物在劇情中的喜怒哀樂，以及劇中人所看見、感受到的景物。戲曲的音樂是以七個音符的旋律，在千變萬化中演奏出如玉碎如珠迸，如芙蓉笑如香蘭泣的樂音，表達其中如詩如畫似夢似幻的千般情懷、萬種悲喜的韻致，悅耳動聽，沁入心脾。至於，文的形體，身段用指法、水袖、扇子等手段來表現其風姿的優美，如指法用柔軟的手腕，托起一雙纖纖玉手，展開尖尖的十指，開合、交錯、穿梭，靈動地遊飛之間，猶如盛開在裊裊微風中的瑩瑩玉蘭，織出了一幅一幅美麗的藍圖；接著雙手下沉，水袖隨之滑落，於是展抬雙臂，用輕俏如飛如旋的快步圓場，行雲流水的裊娜間，將那縷水袖揮灑而出，水袖綻開的瞬間，似一道白光閃過，猶如「飛流直下三千丈」一般，轉而在輕歌慢舞的水袖飄逸中，如春風吹起柳枝，輕輕的拂面而過，水袖又在捲起飛落時，用捲袖繞花的動作，好像池中之水面，泛起層層漣漪。

水袖可以體現各種美的型態，然而扇子又是舞臺上呈現美觀的道具之一。扇子在開合之間的那種嫻淑優雅，襯托出藏在深閨、教養有素的大家閨秀的含蓄優美形象。扇子是根據不同的環境，不同人物的思緒來表現，或喜或憂，或樂或愁，反映其情、其景。如把扇子合起來，在手掌上輕輕的敲打，或在腦門旁慢慢地轉動，即示意在考慮、思索；執之可示意為筆，展之可示意為書卷。展扇時若配合著慢慢旋身，這種美感恰似孔雀開屏，耀彩輝煌，興高采烈的翩翩起舞時，則猶如彩蝶翻飛，狂蜂歡擁。

綜上所敘的水袖、扇子表演形式，僅僅是冰山一角，不一一而舉。總而言之，形體、身段無論是用指法、水袖或扇子，所呈現的均是古典優雅的曲線之美。

培育人才應普遍培養，重點拔尖

當學生跨進課堂的那一刻起，做教師的就要對他們的現在和未來負擔起極大的責任。剛入行的學生好比植物園內苗圃，一株株小樹苗有待成長，要特別用心去關注、呵護、關心他們成長期的點點滴滴。再不斷地翻土、澆灌、修剪的培育中，仔細地觀察每株樹苗的生長情況，如有被風吹歪的、被雨打折的，一經發現即刻扶正，絕對不能棄之不管。樹苗在未成形的發育期，要確保它的枝幹挺立直上茁壯成長，日後頂天立地，成為中流砥柱、棟梁之材。

學生的靈智自然有所參差，因此，接受能力和理解程度亦有所差異，甚至有個別的學生相形之下顯得遲鈍，即便是老師手把手教也不容易通透領受；但是，他的自身條件還不錯，有身材、有形象，所以做老師的只能任勞任怨，克制自己的情緒，不能輕視他們丟棄不管。每遇到這種情況，我便把學習進程快的同學組織在一起，讓他們在旁邊複習，我便會重點指導一些進程慢的學生，反反覆覆的教、仔仔細細的做示範，把一個完整的動作拆開，用分解的方法，一招一式的比劃、練習，直到他們學會完善，方可作罷。這期間要以鼓勵為主，給他們精神力量、加強學習的信心，千萬不能怠慢輕視，反而要格外的關心愛惜他們。因為，這些學生一旦開竅了，往往都是可塑之才，其中不乏蒙塵美玉。所以在練習中要抓住兩頭：學習能力強、進程快的，和學習力較弱、進程慢的，老師應該恰如其分地帶在中間，引領大家一起進步、一起提高。然後要有意識地用心留神觀察，物色好的苗子作為拔尖人才，重點培養。我始終堅持這一教學準則，並獲得有效的成果。

在這裡舉一例而言，當初培養浙江崑劇團的學員班，十幾名女學生中，每個人的基礎都很扎實，畢業之前浙崑排演新編歷史劇《唐明皇和楊貴妃》一劇在蘇州匯演。劇中的宮女編排有舞蹈場面，由學員班的女學生們主演，一上場的幾圈圓場，流利輕巧如同雲煙飄飛、亭亭玉立優美的身段舞姿展現出陣容的整齊，照得滿臺光彩，當下博得臺下一片掌聲，贏得專家和圈內人士的一致好評，無一不認為，此情此景正是老幹添新枝，浙崑後繼有人，前景看好。

學員班的女生張志紅、邢金沙是重點培養的頂尖人才，曾在全省小百花匯演中榮獲優秀小百花獎（其中武旦孫麗萍也獲得優秀小百花獎）。畢業前夕，我帶領學員班去溫州地區巡迴演出，除了張志紅、邢金沙擔任主演外，還有唐蘊嵐、孫麗萍、徐延芬、何晴等都在臺上參演主戲，十幾個女生，各個都能粉墨登臺、獨挑大梁，這樣的經驗讓我更加認同所謂「玉不琢不成器」，對尖子人才要加倍地在表演上精雕細刻，讓他們演什麼像什麼。多年來，臺上精彩的風貌，陣容的整齊，成為浙崑一批新生代的中堅力量。

因此我再重複提醒，教學是一門神聖的事業，做教師的要愛惜學生，用自己的心去教導他們，成就每一位學生，使他們各自發揮，甚至是發掘所長，找到自己的「用武之地」，在自己擅長的領域中騰躍煥彩，成為可造之材。一花獨放不成景，萬紫千紅春爛漫，千萬不要採取只挑個別學生培養，大多數丟棄在一邊，鶴立雞群並不是最佳的策略，若是能營造出百鳥朝鳳的光景，舞臺將顯得豐滿而斑斕。

關於「普遍培養、重點拔尖」的觀念根由

當年上海市戲曲學校培養藝術人才，就是實行「普遍培養、重點拔尖」的這一措施，首屆崑大班學員如此出類拔萃，正是貫徹此一教學理念後的豐碩成果。每一位學員

的基礎都非常堅實，全面學習並掌握了豐富的表演技巧和手段，因而能有行當齊全、人才濟濟的場面，甚至在每一個行當中，都擁有兩個以上的尖子演員，這是六〇年代崑曲界所湧現的一批相當有實力而強盛的新生力量。

當年上海戲校的的確確是培育、造就藝術人才的搖籃，是一所名符其實，鎔鑄陶冶優秀人才的高等學府，教師們無一不懷抱著滿腔對崑曲的熱忱、熱愛，無私忘我地投入教學，因此，教學的質量、效率都非常地高。而我曾親炙這些老師門下，他們孜孜矻矻於教學的身影至今依舊深刻烙印在我的腦海中，仰之彌高，鑽之彌堅，年深日久，自然而然地成為我教學生涯之圭臬與典範。

七八年浙江崑劇團招收隨團學員六十名（包含樂隊和舞美），以相當於劇團學館制的方式進行培訓。而劇團領導派我擔任學員班的班主任，負責主管其業務工作。其中有十五名女學生由我主教，這副沉重的擔子，對我來說壓力極大，當時的我，日思夜想，終日苦惱的，就是如何把這批學員培養好，使他們成為有用之才、無瑕之玉，能夠薪傳浙崑的藝術成就。思前想後，我回憶起當年在母校的學習經歷，這段回憶給了我勇氣和力量，我決定採用學校正規的教學方法來培養浙崑的這批學員，並以「啟蒙教學」為重點方針。首先是扎扎實實地把各項基礎學好，且對每一個學員都進行普遍、統一的培訓，目的在使每個學員都能夠實實在在地在基礎學習中得到自我技藝的訓練和提高。如果在基礎學習時只抓住幾個天資高的重點學員，而把其他學生放棄不管，必定會導致人才的流失。因為學生的能力開發有先有後，有的學生大器晚成，初步的學習較慢，但若能耐心、細心的栽培、等待，扎實為其奠定好所有基底，一旦開竅了，便會成為後來居上的一匹黑馬。這在我的教學中確有所遇，所以在基礎教學中，一定要針對所有人全面地鋪開，不偏不倚；而在基礎訓練完善的後期，有些好的苗子已嶄露頭角，這在進入學戲的階段就要抓住重點拔尖了，如此一來亦可順勢帶動其他學生一起前進。這種作法與觀念，在浙崑學員的培訓中已然獲得實踐，證明了這樣教學方法成效頗著，每個行當學員都有了尖子人才，有張志紅、邢金沙、花旦唐蘊嵐、武旦孫麗萍，其他學員如徐延芬、郭鑒英、孫繼紅、孫肖遠等等，亦都能經常登臺演主戲。在八二年浙江省舉辦的小百花匯演中，張志紅、邢金沙、孫麗萍和林為林均榮獲優秀小百花獎；之後張志紅、邢金沙、林為林又先後獲得梅花獎。當年浙崑的這批學員整體的基礎厚實，梁柱磚瓦配備齊全，陣容亮麗齊整，每次演出都受到一致好評與高度關注。如今這些女學生各個都評上了國家一級演員。

我也曾為浙江越劇、紹劇、婺劇進行人才培訓，過程我依然堅持以基礎為第一優先，用崑曲的柔美身段、優雅神韻，以及嚴謹規範，循序漸進地提高他們基礎功力和表演，也都取得非常好的效益。如九〇年代為杭州市藝術學校越劇班培訓的女學生（謝莉莉、馮昳暉），如今是劇團的當家花旦；二〇〇二年為浙江紹劇團培訓的女學生楊炯，是當前紹劇團的主要花旦，其他為婺劇院培訓的學員中亦有許多表現不俗者，我就不一一列舉了。啟蒙教學好比一張白紙，可以繪成五彩繽紛的藍圖，也可以變成塗塗改改的廢卷，執教者務必審慎對待，切莫誤人子弟。總而言之，採用有效的教學方法、認真負責培養學生，播下的種子一定會發芽，並開出璀璨芳香的花朵。

走出以戲帶功的誤區

眾所周知，「基礎」是藝術深化的奠基石，它和人類嬰兒的成長期有些相同之處，譬如說，嬰兒在剛出世時，只能乖乖的躺在床上，過段時間他的小手小腳自己會活動起來。日復一日又學會在床上翻身，慢慢的學會坐起來，之後又學會爬行。而在學習爬行的過程中，會嘗試地用手扶著床沿或椅子，緩緩地站立起來。並在站立穩妥的基礎上，開始小心翼翼地、顛簸地邁出人生的第一步。然後，他漸漸地踏穩步伐，甚至更進一步學習平衡，最終走出穩健的人生與未來。古往今來所有的人都不可能違反這個成長的規律，也沒有一個父母會強迫自己的孩子在哺乳期就要去學會走路的。

回過頭來說，以戲帶功其道理也如出一轍，學生沒有經過一系列的基礎訓練，穩紮穩打、一招一式地定位、規範，便急於學戲，那是相當困難的。可是急功近利的思潮不知不覺中竟影響了教學的正規進程，不知從何時開始，大家變得只貪圖眼前的利益，揠苗助長，意圖壓縮時間，想盡辦法來凸顯成績，以戲來替代基本功的學習。這給學生的壓力很大。他們在學戲的過程中難免顧此失彼，顧到了腳上，卻顧不了身上；顧了手上又顧不得臉上，莫衷一是，無所適從。最常見到景象就是，教室裡站在前排的學生還能看到老師的動作，而站在後排的學生，因視線被阻擋，只能在後面跟著前排的同學胡亂比劃，而做老師的也顧不上照看這些後排的學生，只顧抓住前排個別學生為重點培養對象，只因為，這樣就可以交上一份邀功顯耀的成績單，但對於學員本身而言，不止戲沒學好，反還沾染了一些怪毛病，其中有些毛病很難根治，白費了一些根苗。

即使是一個小的折子戲，內容依然包羅萬象，十幾分鐘到幾十分鐘的表演裡面，不知濃縮了了多少的四功五法，也幾乎是涵蓋了所有基礎學習的能量。因此，不講究基礎，而企圖以戲帶功，結果將是幫了倒忙，反而害了學生。當這些學生跨出校門進入劇團，又讓劇團領導傷腦筋：原以為有了新血，可以派他們上臺演出了！可卻發現這些學生大多數腳底不會走路、沒有功架，徒然有了新鮮血液，卻無法輸入組織！無奈之下只得重起爐灶，額外申請經費，在外邀請老師來進行強化培訓。這種現象我曾經歷不少，許多人在教學中企圖繞過基礎這門課，抄捷徑而取代，其後果是再回爐重塑，一切重新強化基礎培訓枉費光陰、枉費希望。戲曲藝術基礎是「功」，而戲則是「功」的具體表現，通過表演手法，融入人物塑造，熟練磨合，精益求精得到鞏固提升。

幾分耕耘、幾分收獲。播什麼種子，結什麼果。從事教學的老師們或者該把匆忙的腳步稍稍停下，好好地、審慎地冷靜思考這個課題，如何用我們的心靈智慧，在這片梨園沃土上，讓花朵以最鮮豔動人的姿態，盛開在梨園的每個角落裡。

身段揚起聲腔的風帆

戲曲的四功五法為「唱、念、做、打」。其中，「唱」居首位，而諸如「做」、「打」等屬於形體表演範疇者，亦如眾星拱月，緊緊地圍繞唱腔的變化來運轉。無論是指法、水袖、扇子或雲帚，這些道具的功法多是為了交代劇情背景，烘托傳達人物內心情感，換言之，他們可說是依附著聲腔而生，目的便是為聲腔的演唱增添色彩！因此，一旦離開聲腔，所謂的做、打和表演，都僅僅只是一項形體的基本功動作而已，將無法推展劇情，亦無法體現、發揮什麼感染力了。唯有依循著在唱詞、聲腔的推動，才能夠激活起身段的寓意。因此，唱腔與身段之間可說是存在一種緊密相連、相輔相成的關係，唱腔牽動著身段，而身段又托起了唱腔，他們一浪推一浪地向前湧動，能夠把悅耳動聽的聲腔，優美多姿的身段一波接著一波，不斷送進觀眾的聽覺和視覺。

任何身段動作都必須根據聲腔的詞意、音樂的節奏、節拍而鋪陳，在這裡舉《焚香記‧陽告》為例，劇中敫桂英被負心的王魁所拋棄，這個女子不僅僅只是含仇抱恨而已，她的怨與憤都源自於對王魁深刻的情感。因此，我們不能單單只是刻化她的怨恨，更必須將藏在怨恨之下的深情挖掘並勾勒出來。演員在舞臺上要體現的，是一種愛恨交加的複雜心理，愛有多深，恨就有多重，但欲訴卻無路無門，亦無人可管，只能懷揣著絕望和怨憤往海神廟而去。

而〈陽告〉的唱腔是一套【端正好】的北曲，曲子高亢激昂、動人心魄。敫桂英從幕後高唱：「狠心的賊啊！」隨之高舉焚香，疾步登場。在曲牌【端正好】、【滾繡球】的唱段中，邊走邊唱，一路前行去往海神廟。途中以指法、水袖交錯的動作，訴說她與王魁之間，從萍水相逢初識，直到相知相許，願以終身相託，卻被狠心遺棄，道盡其間種種恩怨情仇。一踏進廟門，見到海神爺，她忙不迭拿出王魁所寫的休書要遞與神靈，請神靈為自己作主，在演唱【叨叨令】、【脫布衫】、【小梁州】曲牌的同時，她的情感層層轉遞，此時的桂英絮絮向海神爺傾訴，王魁是如何的欺心，甚至因貪慕榮利而違背誓言，狠心拋棄她的種種罪行。

為了詮釋這樣劇烈而複雜的心境起伏，在身段動作的設計上，主要是依靠水袖的抖、翻、折起、抓捏來體現。在一開始時，動作圍繞著一個「告」字，通過敫桂英的申訴，希望能得到海神爺一個公正的判斷，哪怕只是一句公道話也可以。然而，求告再三，海神爺竟然沒有一點動靜。敫桂英接著開始懇求眾神靈為她主持公道，她三番兩次的跪拜叩頭，苦苦的哀求，結果神靈們依然無動於衷。這時呼天天不應，叫地地不靈的敫桂英再也按捺不住胸中的失望、憤怒和仇恨，她不顧一切，竟然出手擊打神像。此時的身段，透過水袖的拋、打、撲、掃、甩等誇大強烈的舞動，來發洩她胸中的憤恨和怒氣。神靈的造像被她打倒了，而氣力用盡的敫桂英，精神上也再支持不住了。

整段表演從怒氣沖天忽然沉落到精疲力盡，敫桂英昏昏沉沉地跌坐在神桌前，周圍一片冷落孤寂。突然耳邊隱隱約約地傳來孤雁淒淒嚦嚦的啼叫聲，把她從似昏似睡的悲哀中喚醒。她帶著哀痛、低沉的心情，起唱曲牌【滿庭芳】，她一邊唱一邊掙扎著支起疲憊的身子，一點一點慢慢的撐起來，用迷茫而無神的眼睛，聞聲尋找孤雁的去向。此時的她想到自己也如同失群孤雁一般，淒涼、孤獨、無依，這時的動作不能多、表演不能放，臺上的氛圍要冷靜下來，營造一種陰冷，淒苦的氣氛。目的在重點突出聲腔，必須唱出意境的寂靜與人物的內心。想想，不只是負心的王魁啊，世間人誰不是只見新人笑，不見舊人哭？她的悲涼、淒楚、哀怨、孤苦無依，有誰能理解？她為了王魁，已無家可歸、無路可走，擺在面前的只有死路一條。緊接著是曲牌【朝天子】的唱腔，此刻唱做並重，身段要張揚，運用強烈的節奏與動作爆發出滿腔憤怒仇恨——縱然一死，也絕不饒赦王魁的薄情無義，此時，她一面解下腰間羅帶，一面走向神臺，那將是她生命的盡處，她選擇了海神爺神像上方的主梁，她，用一死來嘲諷世間的所有不公不義與薄倖負心，用自己的性命控訴這一切，並以心魂為祭奠。

〈陽告〉這齣戲是朱傳茗老師親授，原先的動作很少，都以唱腔為主。我想之所以如此應該是受服裝腰包的影響，因為打了腰包後，動作便有了局限性，不能盡情地施展。然而，我覺得〈陽告〉是齣唱做並重的戲，應該二者兼顧，所以我在排練時，大膽決定免去腰包的裝束，就穿一件褶子，腰間結一條羅帶。唱念方面我也進行一些適當的刪改和調整，讓這戲的節奏較以前更加精煉可看。

改編上在每段唱腔中發揮水袖的作用，以各種不同的水袖舞姿來配合不同內容的聲腔志情，使戲的進展層層推進——敫桂英以告到求，從求到憤，乃至悲愴到絕望。如此一來，整個戲的脈絡就比較清晰，戲的氣氛也濃烈多了。而排練此戲時，我總對每個學生提示三點要求：其一，唱功要好：要唱出人物的情志，唱出節奏的快慢，唱出聲腔的韻味。其二，水袖功要好：每個水袖動作必須規範，做工到位，乾淨流暢。其三，圓場功要好：圓場步子務必要小，速度要快、要穩、要溜，這樣才能托起塑造人物的閃光點，把戲推向高峰。

補充基礎訓練：雲帚動作

雲帚又稱拂塵，是仙家、道家用以拂埃掃塵之物。因此，雲帚在崑曲旦行內是某些具有特定身分的人物所使用的道具，如道姑、尼姑或者是仙女，用雲帚以表明出場人物的身分和人物所身處的環境。

像白素貞在〈盜草〉的出場，就設計了一套搭配雲帚的走邊身段（走邊，即在旋轉的探海中示意向四周尋找仙草，跌宕起伏的鷂子翻身，表示路途崎嶇），這套動作象徵白素貞是一位具有術法的人物。同時，也表現出她為了搭救許仙，不畏艱險，翻山越嶺，步履艱難。雲帚不僅點出了人物身分和時空環境，同時也具有美化的效果。透過雲帚，輔助、延展了人物一系列的身段舞蹈動作。

又如《玉簪記》的道姑陳妙常在〈琴挑〉中的唱念做表，都是以雲帚動做表達內心情懷。而其所表現的雲帚身段比較柔和，且沉著穩定，較吻合陳妙常的墨香氣質，表達的感情是內斂而含蓄。〈思凡〉中的小尼姑色空，她的雲帚動作則比較熱烈奔放，包括用雲帚舞蹈來模擬寺院中的羅漢塑像、模擬法事情節，節奏感也比較強烈，有張有弛，體現小尼姑對新生的熱愛和追求。同樣的道具砌末，因為不同的身分、個性，能夠表現出完全不同的身段語言和情感動作，表達出不同的人物個性和時空環境。

另外值得一提的是，雲帚組合身段中有許多動作是從指法、馬鞭而演變過來。雲帚可以像指法一樣，指上指下，指東指西，因此，用它可以替代一些指法的動作。例如，把雲帚枝幹貼在背上，雲帚的馬尾搭放在左膀上，這就是從馬鞭動作變化而來，這些例子不一而足，在此就不贅述了。此外，雲帚的身段要求，與指法、水袖的規格均相同，都必須提氣、立腰、收腹收臀、鬆肩緊背、不能夾膀，雲帚所做的動作都是以「手腕」為主，不要使膀子的勁。動作的姿勢，姿態的優美，萬變不離其宗，規範要求全是一致的。雲帚的身段同樣也要求柔韌、有內勁、有骨子，以多姿多彩的舞動呈現風采。

叁

回憶與感懷

感念恩師朱傳茗

歲華冉冉，許多記憶中的往事隨歲月流失，遠離而去，然而恩師朱傳茗卻永遠銘記在我心中。

朱傳茗老師是傳字輩中最傑出的閨門旦演員，在教學上造詣極深，經過朱老師培訓的學生，無論是在臺前幕後、從事演員或教師都能獨當一面。老師在教導我們時，非常注重形神兼備、咬字清晰。身段方面他講究形體的站立必須符合子午相，而旦角的肢體動作在子午相的定位中，靠著腰肢的扭動走向，呈現姿勢的美態，並運用眼睛的精、氣、神帶動身段的靈性，煥發光彩。對唱腔、念白的四聲咬字，老師更是特別的嚴格。唱段中的每個字都要求得將頭、腹、尾吐明白，字字句句的聲韻尾音都化解得當，正確運用唇、齒、舌、鼻、喉等發音部位，譬如〈遊園〉中的「裊晴絲吹來」這幾個字，從頭至尾均要吐得清楚有力，像「來」字，從開口至尾，要把它念成「勒—艾—依—來」不可念成「藍」，還有噴口音，嘴唇一定要用勁，如「匹、配、把、遍」等等，必須掌握好噴口的力度。

當年許伯遒老師對我們說：「以前傳茗在咬字方面欠注意，自從教梅葆玖崑曲戲，與梅蘭芳先生接觸較多，經過切磋，他對四聲咬字方面頗為注意，長進不少。所以他對你們這一代在吐字上特別用心重視，真花了不少心血」。正如許伯遒老師所言，我曾看到文章的記載片段：「在一九二六年三月五日：朱傳茗扮相頗佳，做工亦好，唯獨咬字尚欠準確，每有含糊之弊，須糾正之。」朱老師為後代不蹈他過去的覆轍，因此對我們的唱念吐字方面付出了不少的精力。

朱傳茗老師平易近人，真誠樸實；他不善於辭令，但句句誠懇，使人折服。他在給我們排《紅樓夢》時，對晴雯純真剛直的個性很認同，就教育我們不要沾染趨炎附勢、阿諛奉承的社會習氣，我覺得老師他也具有這樣的品格。當年我們這些懵懂少年，雖考進上海市戲曲學校崑曲演員班，可是崑曲為何物，我們卻都一竅不通，是老師教我們學會了第一首曲子、學會走第一步臺步、學會做身段的第一個動作，從我們入學第一課到畢業，一字一腔、一招一式，都是在朱傳茗老師手把手反覆教導、反覆示範下學出來的。在老師的嚴格審視下，我們每走一步，舉手投足都要是「手眼身法步」到位，動作乾淨明確、姿勢優美流暢，方是方，圓是圓，有稜有角，不得半點含糊。而老師對我們的唱念咬字十分重視，唱段中的每個字都要求將首腹尾吐明白，正確運用唇、齒、牙、舌、鼻、喉的發音部位，並且還要注意口型之美，絕不放過我們在尖團字四聲上出現的弊病，不厭其煩幫我們一字一字矯正，我們這批經他訓練的學生，咬字都十分正確，這與老師不斷付出的心血是分不開的。

在排戲的時候，朱傳茗老師對我們的基本要求就是「要入戲」，必須要進入人物的內心世界。我記得很清楚，老師教我們〈遊園〉杜麗娘時，曾說杜麗娘深閨少女那靦腆端麗的氣質，正好與天真活潑的春香性格形成鮮明的對比！起初我並沒有很好的領會這一點，在課堂排練杜麗娘的動作時，將以前所學的折扇盡情發揮，片面追求形體美，水袖也做得輕柔飄逸，讓杜麗娘在萬紫千紅的春色中漫天的飛舞，自以為美化了劇中人物，有點沾沾自喜，可老師在一旁卻對我的一番發揮，嚴肅地批評指示：「單純追求外形，不刻劃人物，戲就沒有情，人物也就沒味道，學戲要學內在，學骨子，才能上進。」經過老師這番諄諄教導，使我刻骨銘心，對我以後在藝術上的提高成長，起著極其重要的深化作用。

老師中年喪偶，全身心投入教學，視學校如家，視學生如子女，非常的慈善，可敬可親。老師每天來學校上班，總是行程急急匆匆，手裡提著一個半舊的草包，一支曲笛，橫放在草包的把手之間，草包內是終日形影不離的劇本和曲譜，老師就是用這支曲笛，親自為我們拍曲、唱曲、吹笛。

八年的學習，我跟著朱傳茗老師，獲得不少長進。臨畢業前，蒙老師的器重，讓我當他的助教，帶領新入學的崑二班學員。自此開始，我便與戲曲教學結下不解之緣。幾十年來，我都從事著梨園苗圃的耕耘，我非常感激朱老師對我的信賴和進一步栽培，當最初隨老師登上講壇，內心非常緊張，半師半生的雙重身分很難把握，縮手縮腳不敢多言，幾次下來老師發現我膽怯，便鼓勵我大膽施教，要我鼓起勇氣，敢於面對學生、手把手教學。先讓我在課堂上做示範動作，後讓我幫助學生矯正形體，逐漸地放手讓我主教，而老師則退至一旁，在必要時做些指點。最後讓我獨立承擔教學任務，在老師耐心誠懇的傳、幫、帶哺育下，我邊學邊看邊教，課餘時間發揮自身條件的優勢、揚長避短，從而啟發我去思考、省察，將老師所教的東西，反覆琢磨消化，最後化作自身的東西。在我當助教期間，又向朱老師學了不少戲與唱段，不少唱段是許伯遒老師親授的，同時也學到許多教學方面的經驗，為我後來從事戲曲教育，打下堅實基礎。一路以來，我繼承了朱傳茗老師的衣缽、沿著老師的足跡，培養新生的崑曲人才，浙江崑劇團一級演員梅花獎得主張志紅、梅花獎得主邢金沙、一級演員唐蘊嵐、徐延芬等等都是我培養的學生。並將崑曲古老的傳統表演技藝傳播到越劇、京劇、婺劇、錫劇、紹劇、粵劇中去發揚光大。

朱傳茗老師不只是我事業上的恩師，教我做戲，也教了我正確做人。記得五九年我們崑大班一批女同學作為花神的扮演者，有幸參與了梅蘭芳先生的藝術片《遊園驚夢》的拍攝，朱老師親自司笛，在攝影棚裡老師再三叮囑我們，這是一次難得的學習機會，名家薈萃，要我們認真在旁仔細觀摩梅蘭芳、俞振飛、言慧珠三位前輩藝術家的表演，並利用休息日，親自帶領我們這幫女孩子去梅宅拜訪，接受梅先生的生活熏陶。梅先生與夫人熱情地接待了我們，他的言談舉止、禮儀風範以及他對琴棋書畫全面的藝術修養與品格，贏得了我們深深的崇敬。老師讓我們接觸梅先生，目的是要擴大我們的視野，希望我們能成為有文化、有知識、有道德修養的人才，這種師承之恩是無法相報的。文革期間，我多年珍藏的崑曲劇本、教學資料以及朱傳茗老師生前送給我的，他年輕時候與張傳芳老師合演的〈遊園〉劇照，都被一捲而去，痛失這些珍貴的資料，令我非常的遺憾痛惜。如今老師已經離人世而去，我只能繼承他的事業，為崑曲培養後繼人才，作為告慰老師在天之靈的一份答卷。我永遠懷念和感恩朱傳茗老師，感謝老師的精心栽培教導，無私的貢獻！

教學經歷

其實我真正開始接觸教學，還是在調到浙江崑劇團之後，我本身並非浙江崑劇團出身，我是所謂的「外來戶」，是朱傳茗老師的學生，當時普遍認為我們學校出來的人都該是人尖子，因此我們承受的壓力相對是頗大的。

門戶之見由來已久，此處姑且略過不提。當初周傳瑛老師到上海來，請我們學校支援浙崑，我們校長是山東人，他說：「我們是不分配人過去（浙崑）的，我們要成立青年京崑劇團。」周傳瑛老師說：「我們是兄弟單位，都是傳承崑曲的，能不能援助一點呢？」校長說：「那這樣吧，我叫同學們來，聽聽他們的意見，看他們肯不肯去。」但是，因為周傳瑛老師有言在先，已經點了幾個學員的名了；當時，他來看我們的時候，正好看到我在表演，他自己深知華文漪是重點培養的不能動，可程度太稚嫩生澀的他也不要，於是周老師就將焦點鎖住我了，點了我這個相對名不見經傳的；而在我們表演時，又有幾個人給他點到了，一個武生、一個老生，就是聞復林，現在在美國。還有兩個閨門旦，我和黃美雲，還有一個花旦出身的譚景容。周傳瑛老師這次的點將，向校長提了我們這幾個人選。校長就把我們找去詢問：「浙江崑劇團要你們去支援，你們肯不肯？你們商量商量再給我回覆。」

當時，浙江崑劇團本意是找我們去當演員，我們每個人也都有自己的想法。說實話，在上崑這裡演不到戲，到那邊也許就有更多機會了！這裡都是以華文漪、張洵澎、計鎮華為主，我們到那邊去就可以演戲了。那時我們年輕，喜歡那邊的吃食，像是筍乾、藕粉，還有杭州的小核桃等。我們便想去那邊演演戲、過過小日子，想著萬一過不好我們再回來。於是我們跟校長說：「校長，我們答應了。」校長說：「啊？你們答應了？你們知不知道去了就回不來了？」當時以為校長想騙我們，想說「哪有回不來的事？腳在我們身上。」我們覺得可以回來，說一定要去浙崑。校長沒辦法，再三說：「同學們，你們要三思而行，去了就回不來的，我再三說去了回不來的！」我們壓根兒沒把校長的話當真，就去了。

之後周傳瑛老師派他兒子周世瑞來接我們，我們出發的時候打扮得漂漂亮亮的，穿了尖頭高跟鞋和洋裝、連衣裙，一下火車，浙崑的人接我們到排練廳，一看卻納悶了：「這裡怎麼都破破爛爛的？」那些教職員工坐在排練廳等我們，坐著個小板凳，穿的是木屐鞋，那時是夏天，清一色都穿著汗背心、短褲，此情此景實在和預想的不一樣！我們就想：「怎麼這樣衣冠不整啊？」因為從上海來的我們都穿得很整齊，校服就是校服，老師們也都是，像校長言慧珠打扮得有多漂亮呀！到了杭州卻看到截然不同的景象，和想像中實在有落差，第一印象就不好，怎麼辦呢？無論如何也得待幾天再說吧！

到演出時，彼此的認知又產生了差異，他們說我們的白口是京劇，我們聽他們的白口是蘇音，兩邊對不起來。比如我們演〈斷橋〉，我們念：「許郎啊，不想你這般薄倖！」他們念：「不想你這本不倖！」完全跟我們不一樣的。我們聽不慣他們，他們聽不慣我們，老說我們是京劇，可是我們並不是京劇，上海有有京劇班，京劇班的同學可不會認為我們唱的是京劇；可是強龍不壓地頭蛇，我們不過就五個人，也無法反駁，大家因此相處起來算不上和睦，我們也自然發展成為小團體，一天到晚處在一起。後來慢慢地他（張世錚老師）也加入我們隊伍中來了。張老師不參與那些事情，只每天跟我們聊聊天，大家處得挺愉快的。可是這樣的日子熬了一段時間，實在過不下去了，就想著：「回去吧！」他們杭州是家庭班子，周傳瑛、王傳淞、龔祥甫，其中只有包傳鐸不是。他們三個人的老婆是三姊妹，所以這周傳瑛、王傳淞、龔祥甫三人其實是連襟，他們的小孩龔世葵、王世瑤、周世瑞從小一起長大，彼此之間也有親緣，確實就像是一個家班，包括包老師的女兒都是。老實說，當時我們的日子真的不好過，思來想去就是打定主意要回去了，那時我正跟張世錚老師談朋友，關係比較好，他勸我們不要回去，我也很兩難，於是跟其他人說：「你們先回去，我再回去。」

回到校長辦公室，校長說：「同學們！你們回來啦？」同學們說：「我們就回來啊。」那個時候，吃飯要糧票，吃鹽要鹽票，穿衣服要布票，什麼都要票，沒有票就不能過日子；可是我們的戶口已經轉到了杭州了，所有的東西都在杭州，戶口又輕易不能轉過來，現實就是，無論如何是回不來的。可那時候年輕，哪裡懂得這些呢？大家滿懷希望回到上海，沒想到都回到家了，父母卻不能接待，因為沒飯吃啊！結果他們四人只能灰溜溜地回來，大家抱在一起哭，頗有點愁雲慘霧的樣子。可是，回到杭州日子依舊過得不好，日子一長，他們都一個一個離開了劇團，只留下我一人，因為和張老師結了婚，就留下來了。還記得那時同學們說：「我們都走了，本來我們五人還能抱成一團，現在我們走了，你單槍匹馬，要好自為之。」當時是七〇年代，我的同學們是在文革之後，一個個離開了崑曲舞臺。

我對浙崑的感情實在複雜，若即若離、似有若無，後來團裡讓我培養學生，他們說：「這些學生都是科班出身的，交給你來培養。」我心裡提著一口氣，想著：「讓我培養我就培養，我一定要爭氣，把他們一個個培養得像我群同學一樣，都出色都成材。」他們還說：「像你同學一樣的，你能培養出一兩個就行了。」可事實證明，我培養出的何止一兩個？是親力親為把各個都培養出來，都能上臺演出！我培養出來的學生，嘴裡和身上都規規矩矩的，站上臺一亮相、一開口，那水平就是不一樣！每個都能演戲，大班也能演，小班也能演；我帶他們去演出，這個人演〈扈三娘〉，這個演〈擋馬〉，那個演〈打店〉，武旦、閨門旦、花旦都有。周傳瑛校長看似頗為意外地說：「我倒沒想到，你讓每個學生都上臺！」說實話，當時我心中不是沒有憤懣之氣，卻也是憑著這股憤懣之氣，造就了這一批出色的學生！

浙崑從一九七八開始招生，我那時三十八歲，教學經驗還不是很豐富，都是依樣畫葫蘆，從前老師教我什麼，我就教他們什麼，還沒有經過自己的思考和改編，就是把老師傳給我的東西做些整合融會，再交給學生們。同行的眼光都很毒，我們上海的同學看了很高興，總是說：「浙江崑劇團培養的人才都是阿雪培養的！」顧兆琳還去跟蔡正仁說我培養得很好，很給他們爭氣。

原先浙崑的學生有他們自己的老師，但接受我的培養以後，耳濡目染，表演風格或是一些唱念做表漸漸產生改變，他們的老師有意見，無奈「大勢已去」，在實力面前多說無益，也沒法再改變什麼。像是唐蘊蘭那句：「我，春香，自幼服侍小姐。」也不再有那麼多吳音，學生雖然還懵懂，但什麼比較有幫助、比較好，還是能辨認出的！他們覺得我教的好聽，自然也願意跟著我學。但我為什麼說自己對浙崑的情感很複雜、似有若無？雖然當時我心中積著一口氣，但也確確實實為浙崑培育出一批出色的演員，可是到了最後，浙江崑劇團六十週年紀念，似乎漏了我周雪雯的名字在名單上。乍看之下，外人不免覺得這批學生都只是他們團內培養出來的，沒有人特意提到這批學生是周雪雯培養的。大概也正是這個時候，我體會到了一點鳥盡弓藏的況味，所以始終對浙崑抱著很複雜、難以言喻的觀感。可是，即便如此又如何呢？雖然浙崑不曾標榜周雪雯的教學，但是學生都承認我是他們的老師，甚至有學生說：「沒有周雪雯老師就沒有我們這個班！」現在想想，我真的很爭氣啊！生、旦、淨、末、丑，每個行當都給他們培養出來了，每一行都有一個人才。可惜後來因為領導、社會文化等緣故，把這一班的人一個個都帶得跑掉了，實在是很可惜呀！他們的學生現在也總說：「當年我們的〈水鬥〉多好啊！」那臺〈水鬥〉非常熱鬧，八個神將、八個水族，排起來精彩紛呈，看得人眼花繚亂。經過這件事，我對浙崑是敬而遠之了，說到感情那也是似有若無，後來浙崑幾次希望我回去教學，我一直不肯，最後教張志紅，那是我沒辦法才回去的。

行內的「門戶之見」實在很重，說得實在一點就是，他們利用你又不要你出名，當時沒有我，誰來教戲？龔世葵、沈世華兩位老師帶的學生未必有我多！像他們自己的演員，舞臺上成就雖高，但教學上未必比我們這種學校出來的會教。我把學生教育成材後，許多人又要占先說：「這是我的學生。」一把叫他們包攬過去。後來邢金沙要拜我為師，我說：「千萬不要拜我！」她自己大概忘記了，那時我把張志紅帶去拜姚傳薌老師，樂漪萍帶去拜一個武旦老師，徐延芬拜張嫻，基本上都分配好，也都拜好師了；邢金沙說：「我怎麼都沒有老師，那我拜你吧。」我說：「不行，他們都是長輩，我的長輩，你拜了我變成我跟他們身分一樣，那怎麼可以？你好好學，將來王芝泉等人，我都會讓她們教你。」她後來也沒有拜王芝泉；其實拜不拜無所謂，我們都在教嘛！現在人都愛說：「我是誰的徒弟！」何妨當作道聽塗說，一笑置之就是了！

講朱傳茗和言慧珠

《牆頭馬上》這個戲，對當代的崑曲觀眾來說，大概以華文漪和岳美緹的演出是最出名的。華文漪從小就是女中豪傑，個性大方爽朗，不會與人計較。岳美緹老師則時常給予華文漪鼓舞和激勵，兩人後來的藝術成就有目共睹。

《牆頭馬上》的故事裡，裴少俊遊春賞景，絢爛繁花賞之不盡，但不曾想卻在煙花如錦中，一瞥看見了一個美人，少年男女情牽意動，四目相交，兩情相悅，就這麼把感情傳遞出來給了觀眾，演員用眼神勾住觀眾的目光，讓整個劇場都攏在演員創造的意境裡。

「運用眼神」，正是言慧珠老師對於我們這輩人的啟發。言老師在眼神運用的啟發是什麼呢？我們上海人說「嗲」。我們給她配龍套，我、華文漪都是編配，我們看了言老師演出都覺得很開心，覺得言老師實在太漂亮，她有一雙非常好的閨門旦眼睛，在京劇裡面比較少，不是瞪著大眼睛，而是眼神中帶著柔媚。

而朱老師畢竟是男性，他的眼睛沒有嗲的感覺，但是他很會運用眼神，他總能教給我們很規範的東西，但是什麼是「女人味」，更多的要從言老師身上學。例如：「則為你如花美眷」，那些從眼神上表達出來的收放、輕響高低，就要從言老師那裡學。我們從小接受熏陶，看著言老師的演出，她的眼睛真是漂亮，水汪汪的一轉會勾人，連我們在旁邊的龍套都被勾走。女人的眼睛就應該是這種情味，和男子交流，水袖一抖，兩個人像是觸電一樣，雖是短短的一下接觸，但當中蘊含的萬千情感起伏和流動，都要清楚地讓臺底下的觀眾看到，這些表現能量和方法都需要長時間培養和熏陶，崑大班的訓練很扎實，像蔡正仁老師到現在都還在演出，這是對崑曲的熱愛和堅持，也都是受到老師影響。

小時候花旦組很多人都愛玩，條件很好的演員很多；但閨門旦組比較用功，朱傳茗老師會嚴格管理我們，他總說不好好學以後沒飯吃！這和張傳芳老師教小花旦不一樣。老師教我們的東西都不一樣，像華文漪在舞臺上有自己的發展，而我則在教學上有自己的體會和開拓，這些都對閨門旦的養成有很大的幫助。

朱老師教學方法非常講究，一招一式都極為規範，也講究用腰，而言老師則是幫我們提煉，用天然的氣質幫我們熏陶鎔鑄。其實言老師很多戲也是從朱傳茗老師那裡學來的，大學生和小學生一起學。其實，梅蘭芳比朱老師又婀娜多姿一點，他在生活當中相對就比較女性化一些，但是這不是說梅蘭芳娘娘腔，他就是講究，時刻都在模擬女性的情態和美，把藝術融入生活，也是提煉生活。朱老師把我們帶去梅老師家裡熏陶，看看人家怎麼深化藝術的，平時是如何講究坐相、站姿，也真正讓我們開了眼界。在我們身上，從學校到每一科的老師，對我們的培養可以說是全面而深刻的。

像我們大班的張洵澎就喜歡學習言慧珠，隨時都畫上妝，把自己的妝容儀表打扮精細。我們在五樓看到言老師來了，遠遠地就是一股裊娜的風姿。像〈遊園〉尾聲，言老師就會揉進女性的心理活動，眼睛牢牢望向遠方。又像〈琴挑〉，「簾卷殘荷水殿風」靠的就不是手，是腰和肩、頸、頭的方向都要運用上。

蘭庭好友王志萍

我和王志萍是在二〇〇四年臺灣崑劇團舉辦的推廣班，教學〈尋夢〉時相識的。之後蘭庭崑劇團成立，我和世錚很榮幸地被蘭庭邀請排練小全本《獅吼記》。崑曲把我們的友誼連結在一起，有緣成了朋友又是合作夥伴，相繼在蘭庭排練《蘭庭六記》、《長生殿》（小全本）、《玉簪記》。我們每次排練，志萍必到，她審視排練的情況，無論對演員、樂隊、舞美、燈光，她都會有要求提出建議。我和世錚很欣賞她在工作中雷厲風行、認真負責的態度，和管理上的嚴格有序。蘭庭每次的演出製作都非常精美，留下了珍貴的資料，都是蘭庭崑劇團史上的文獻和見證，正因為志萍對蘭庭工作的投入和付出，呈現在舞臺上的劇目有口皆碑。

二〇一一年四月志萍同我商量：她個人想辦專場演出，要我為她排選劇目。當時我聽了很高興，她對崑曲有這份熱忱是件好事，我也大力表示支持，但是又有些擔心，怕影響她手術後的身體復健。但看她有這樣的勇氣和信心，我就不去打消她的積極，於是為她選擇三個不同身分、環境、個性和不同裝束類型的劇目——《蝴蝶夢・說親》、《牡丹亭・遊園驚夢》、《鳳凰山・贈劍》，這三齣都是崑曲的經典劇目，極能體現崑曲「無聲不歌，無動不舞」的特色。我們先從〈說親〉的排練入手，該劇重點表現田氏守寡的喜、怒、哀、樂、情感，她嚮往新的生活，在表演上側重凸顯她心猿意馬之意，但不能有妖豔放蕩之舉，這點一定要把握好。

〈遊園驚夢〉的杜麗娘，在花園內感受到姹紫嫣紅、春意盎然的美景，不由得觸景生情，她留意春天，怕時光把美的春色捲走，因而產生傷春情懷，她帶著留戀、疲憊回到家裡，春睏之乏，她不覺睡著了，夢中遇見書生少年柳夢梅幽會在牡丹亭。相遇柳夢梅之後，杜麗娘這個大家閨秀的深閨少女，在表演上要靦腆優雅，是有教養的純淨女孩，不能有半點思春的舉止和神態。

〈贈劍〉的百花公主是一個文武雙全的人物，在表演上要具有將帥英氣，她的個性敢作敢為，從她利索而敏捷的登場亮相，就一展她英姿神彩的風貌和性格。當她發覺房內有人暗藏，立即殺氣騰騰的拔劍欲斬不饒的傲氣，當雙方直面觸目相見，她被對方年少英俊的氣度而打動，一見鍾情，她的思想突然來了個急轉彎，竟大膽的以終身相許，從而展開了有歌必動，有動必舞的畫面，這對情侶翩翩起舞，時起時落，分分合合，用優美的歌喉舞姿傳遞兩情相悅的心聲。

而志萍在短短的一個月內竟然把〈說親〉、〈遊園驚夢〉、〈贈劍〉這三個不同人物劇目完整學好，這使我驚訝不已。尤其是〈贈劍〉這個戲，雖然是閨門旦，但她平日馳騁沙場，在表演上有著文戲帶武的身段，確實有些難度。首先在穿戴方面比較複雜，身上用的道具也會干擾表演，她戴翎子圍著狐狸尾，穿著宮裝，佩著垂掛劍穗的雙劍，胸前又有排穗，舞蹈動作相當繁複強烈，表演上難度很大，但是志萍不畏艱難，勤奮刻苦，不怕勞累，一遍一遍反反覆覆的練習、琢磨，力求攻克難關。

其中，最讓我感動和佩服的是志萍的勇氣堅強，她為了這場演出能適應熟練舞臺上的穿戴，她不顧汗流滿面，不懼頭痛難忍，每次排練她都穿著水袖披風，佩戴雙劍，把翎子插在頭上，為使翎子不掉落，把頭紮得緊緊的，每回排練到一半，她頭痛得就想吐，可是她從來不叫苦，也從來沒有退縮之舉。她敢於拚搏，用頑強的毅力向自己挑戰，這精神是難能可貴的，但願這種精神能夠持續發揚光大。

幾分耕耘，幾分收穫。志萍的發奮努力獲得演出的閃亮，她在臺上的舉手投足很有規範，又具有一條清脆甜潤的嗓音，聲情並茂，對人物的表演也把握得頗為恰當。志萍在舞臺上的表演很投入，不急不亂、乾乾淨淨，顯得十分從容，演出的效果很好。志萍的專場演出獲得圓滿成功，我感到欣慰，完成了她付與我的任務。

致志萍的感謝信

志萍：

夏安！幾年前蘭庭崑劇團排練故宮新韻小全本《長生殿》的時候，志萍您就對我說：「老師，你要把自己從事教學的心得寫成文字，出書是很有意義的一件事。」這對我來說，彷彿是天方夜譚，因為自己的文化底子較淺，出書？談何容易！所以當時我並沒把這件事放在心上。然而這些年，您始終沒有放棄我，經常會提醒，鼓勵我做這件事。再說我周圍的朋友、學生也對我有同樣的企盼，來自大家的關心和希望，令我深深感動。終於下決心，勇敢的拿起這支沉甸甸的筆，開始用心的把自己在教學流程實踐中的感悟、探索、積累、出新的一些心得體會，寫在字裡行間，為的是感謝您一直以來的關愛支持，以及大家對我的真誠期待。所寫的這些教學內容，僅僅是我個人的理解淺見，年輕的教師朋友，如果您看了，只是參考而已。

志萍，您為這本書，忙於操勞，費盡心血，我非常的過意不去，衷心的感謝您的深厚情誼，和對我無私的幫助。

祝福您　安穩

雪雯　敬筆

二〇一七年七月中旬

大青衣郭敏芳

我與敏芳有著十多年的師生情誼。她是復興京劇團的主要演員，嗓子清脆、圓亮，音色悅耳，她擅長演大青衣的角色，唱做工整。

二〇〇六年，應臺崑洪惟助教授之邀請，前往臺北授課《焚香記・陽告》，當時上課的地點，在木柵學人宿舍的客廳，學唱腔的有郭敏芳、楊莉娟、李光玉三人，就在這時，我與敏芳初次相識，大家一起學唱〈陽告〉的曲子。可是唱腔尚未學完，敏芳和莉娟要隨團去國外演出，遂中止〈陽告〉的學習，最後由李光玉把〈陽告〉完習，並在親子劇場做了成果展的匯報演出。

相隔不久，臺崑又邀請我和世錚一同前往臺北排練小全本《琵琶記》，由郭敏芳、趙揚強、唐瑞蘭分別學習趙五娘、蔡伯喈、牛小姐，敏芳在《琵琶記》中主要學習〈南浦〉、〈描容別墳〉、〈題真〉、〈書館〉這幾折戲。

〈南浦〉這齣戲，據老師說，以前他尚在舞臺上演出時，只有稍微擺幾個動作而已，很少有身段的調度，主要突出的是唱腔，故又稱之為「擺戲」。因此，在我小時候未學〈南浦〉身段，只學會唱腔，主要用它來吊嗓子，因其曲調的音區很高，是吊嗓子的功夫戲。現在要排小全本的《琵琶記》，〈南浦〉就要動一番腦筋。我想〈南浦〉一折，是為後面戲的開展作點化鋪墊，僅僅有聲腔一方還不足完善，必須把身段也推上去，將它排為唱做並重的又一個正旦戲，故此我作了一些編排上的設計。

據說南浦是一個地名，送別到了南浦，彼此就要分手了，這是一齣新婚燕爾，少年夫妻離別的感情戲。要充分表現離別的愁緒和新婚的纏綿，情真意深而樸實無華，真情懇切，觀之動容、動情。在【尾犯序】的大段對唱中，你一聲、我一聲的邊走邊唱，此時此地，依照人物的思想情緒，把唱做揉合一體，兩人的水袖動作，或牽或拄，忽繞忽翻，邊折邊抖，用這些蘊含情意的肢體語言，表達彼此相依相戀的恩愛，相擁相抱的臨別叮嚀，以及親切寬慰的關懷。聲腔與身段相互托起、推動，把無限離愁別緒的留戀、傷感，在「相思兩處一樣淚盈盈」的揮淚中，依依惜別。我個人覺得，〈南浦〉通過編排打造，既體現了載歌載舞，又增添了戲的氣氛和戀情的濃度，豐富了對人物塑造的表演，使戲有可看性。

敏芳除了趙五娘，又學習了《白兔記》中的李三娘〈出獵〉和〈產子〉兩折。她所扮演的崑曲正旦，均能貼近人物的身分與情境，演得非常自然、真實。她學習崑曲的時間頗長，會的戲甚多，曾演出《牡丹亭》的杜麗娘，《獅吼記》的柳氏，《爛柯山》的崔氏，《販馬記》的李桂枝等，經驗很豐富。雖然如此，她在學趙五娘和李三娘時，態度相當認真，謙虛誠懇，踏踏實實，給我留下深刻的印象。

梅花獎得主蘇春梅

蘇春梅是廣東粵劇大師紅線女的傳承弟子。她嗓音宏亮、清脆，音色甜潤華麗，身材高挑，扮亮相麗，是當今粵劇舞臺上的一顆燦爛的明星。

二〇一六年香港著名電影編劇麥嘉新創編了一本戲曲音樂劇，描寫紅線女的藝術人生，以紅線女生前的代表作《一代天嬌》為名，用戲曲音樂劇的形式來呈現。劇中穿插了紅線女生前的一些代表作，如《一代天嬌》、《昭君出塞》、《搜書院》、《荔枝頌》等劇目的段落。這些劇目的段落在舞臺表演上，以戲中戲來呈現，編劇麥嘉非常欣賞蘇春梅的亮麗嗓音，況且她又是紅線女的得意門生，由她來擔當主演是最合適的。同時也對蘇春梅提出要求，他說劇本中的戲中戲，一定要請一位崑曲老師來指導，要學習崑曲載歌載舞的藝術來提高表演。為此，蘇春梅通過曾經教她的京劇武老師張善麟的推薦而聯繫到我，經由春梅的邀請，我於二〇一六年六月初到了廣州，為春梅排練《一代天嬌》劇中的幾個戲曲段落，有幸結下師生情緣。

我首先看紅線女生前所演的《一代天嬌》、《昭君出塞》、《搜書院》、《荔枝頌》的錄影，了解每個劇目的情節、節奏變化的處理。然後，我開始思索，按照自已的思路進行構想設計，把每個立起的段落，根據唱腔的感情、音樂節拍的長短，著手編排身段。每個動作都必須確切的符合劇情的內容和人物身分的情感表達，同時必須貼合音樂節奏的旋律，將唱、念、做、表合而為一，要達到順暢、協調、統一，才能入戲出情。通過排練這幾個戲的段落，將崑曲載歌載舞的基底本質融進表演手段中，並進一步得到強化規範，使戲的氣氛更加濃郁，提升表演上的多姿多彩。

在二〇一六年九月中旬，蘇春梅以嶄新的面貌登上香港理工大學的舞臺，《一代天嬌》的戲曲音樂劇連演三場爆滿，反響熱烈，演出結束，觀眾們紛紛湧向臺前，經久不息的掌聲覆蓋整個劇場，演出獲得圓滿成功。

一次在聚會時，我有幸近距離的接觸著名編劇麥嘉，他性格爽朗，談笑風生，是一位可敬、可親、可近的編劇。他很高興的對我說：春梅向你學習崑曲之後，她在《一代天嬌》的演出中，不論是表演和身段各方面都取得顯著的進步與提高。熟悉了解她的內行看了《一代天嬌》之後，都誇她突飛猛進，似乎變了一個人。

同年十二月份，春梅復排《搜書院》一劇，準備參賽角逐「梅花獎」，因此，她又邀請我去廣州為她加工編排。我與春梅在排練接觸的過程中，覺得她非常誠懇踏實、虛心認真與刻苦努力，每天清晨練、跑圓場、喊嗓，練得汗流浹背，亦從不喊苦，未見停歇。春梅的勤奮、磨練、工夫，終於不負有心人，二〇一七年的五月，她以出色的演技，捧得梅花獎，春梅的藝術前景，明天更輝煌。

（註：我在戲曲音樂劇《一代天嬌》的排練中，掛名為戲曲指導。）

臺灣之行、崑曲友情

水磨曲集劇團的情暖意暖

西元二〇〇〇年元月，由水磨曲集劇團蕭本耀、陳彬兩位老師為代表，邀請我首次赴臺灣教學，為期三個半月。劇目是《幽閨記・拜月》和《焚香記・陽告》、《雷峰塔・水鬥》。安排在〈拜月〉組學習的成員有詹媛、宋泮萍、應平書、謝俐瑩、吳曉雯，〈陽告〉組的成員有周蕙蘋、傅千玲、許佩珊、鍾廷采。〈水鬥〉是全體成員共同學習，他們的學習態度非常投入踏實，認真。在學唱的過程中，我發現他們對崑曲的唱念、咬字尤為鑽研，很講究，很規範，有的還能熟悉崑曲唱腔的工尺譜，令我驚訝。因為他們全都是在工作之餘的業餘崑曲愛好者，竟有如此的專業水準，使我佩服。他們的文化底蘊厚實，對於崑曲的唱詞曲文都能理解，因此對人物表達的分寸把握得比較好，這充分的體現了他們接觸崑曲、學習崑曲的程度已經很資深了。

陳彬老師特地把我安排在建國南路三二九號的公寓房居住，這是她自己的住宅，二室一廳，她自己就暫時住到她父親家去，我們每天拍曲唱腔課就把客廳作為教室，排戲時借用了延吉街上的一所幼兒園的教室。每天晚上陳彬老師都會派她的團員來接送我去上課，〈拜月〉、〈陽告〉二組劇目每天交錯進行學習，在排練中有問必答，示範加糾正，彼此配合默契。他們踏踏實實、虛心認真的學習態度，在學習的進度和收穫都頗有成效，所以在結束時的成果匯報中，每組的表現都非常出色。

每週六的下午，借用臺大的教室排練〈水鬥〉，全體水磨成員一起學、一起練，包括陳彬老師也一起參與排練，白娘娘、小青邊舞邊唱，學習的氣氛非常熱烈，身段動作很規範，尤其是一套舞劍，姿勢優美、剛柔相濟，水磨的水平至此，已令人刮目相看。

陳彬老師還安排我每週二下午去政大、週四上午去臺大教校園崑曲社團基本功訓練，主要是臺步、山膀、雲手和一些基礎指法、水袖。兩所學校的學生對崑曲的身段學習都非常有興趣，他們熱愛崑曲的優雅、優美。

在水磨曲集劇團教學期間，令我感動且不能忘懷的有三件事，其一，鄰近春節備感溫暖。因為鄰近新年，大家都要回家團聚，而我初次到臺灣，對周圍的人事環境都非常陌生，單獨行動恐怕寸步難行，陳彬老師對此早有考慮，安排好我的春假行程。從年卅開始由她帶領我到他父親家一起過除夕，那餐桌上豐盛美味佳餚都是陳彬老師年邁的父親親手燒的，還有上海人喜歡的甜食、八寶飯也非常可口。那年碰巧遇上陳彬老師的兄嫂從美國返臺探親，她的兄嫂都是非常健談的人，大夥兒聚在一起的氣氛熱鬧又輕鬆，這份關懷讓我深受感動，也緩解了我在陌生環境中的鄉愁。

新春初一由周蕙蘋陪同我到虎林街傅千玲家作客，千玲家裡乾淨整潔，牆上掛滿了翠綠的枝葉，布置得很有情趣，千玲熱情隨和，餐桌上有說有笑，開心自在，彼此間的友誼也不斷增進。蕙蘋是個樂於助人的曲友，初二的上午，她帶我到她父母家過節，原來她的父母也是上海人，在他鄉遇到同鄉可以說是喜出望外，彼此用上海方言交談聊天，更增添了節日的快樂。

陳彬老師很細心，假日的春節都安排妥當。期間熱心的詹媛和應平書也分別接我到家裡作客，陪我逛街遊玩，就在暖暖的陪伴中度過了新春年假。

其二，是放天燈樂趣無窮。元宵節的夜晚，臺灣有著放天燈的習俗，據說天燈能承載自己美好的心願。那晚我們排練結束，大家陪我回到房間，然後大家把紙燈放在桌上，眾人圍著，要我把心願寫在天燈上，我記得我寫下平安健康，陳彬老師寫的是我要演大戲，千玲寫雲遊四海，每個人都寫下自己的心願之後，拿天燈叫了車，去到木柵的一條河邊，點燃燈火，把載著眾人心願的天燈點燃，隨著天燈冉冉升起飛往天際，這是我有生以來第一次參與的節日活動，頗有新意和趣味。

其三，是生日的燭光。有一天在上唱腔課時，收到兒子從大陸寄來帶有音樂的生日賀卡，此事大家知道了，過了幾天，〈拜月〉的排練結束後，由曉雯等人一如往常的陪同我回家，電梯一到十一樓，我打開房門的瞬間，屋內亮起燭光，大家對著我齊聲喊：生日快樂！這出其不意的驚喜，我來不及反應，就被拉到桌子邊，一個大蛋糕在等著我許願。原來他們早就準備好要給我驚喜，這份情意讓我感動得不知如何答謝，我六十歲的生日，就在水磨曲集劇團朋友們的溫暖情意中度過，此生難忘。

之後我每次來臺灣，不論是應臺崑、蘭庭或者國光、復興的邀請來教學，水磨的曲友們總是會看望我，陳彬老師每次都會來看我的排練或彩排，不時還請我去外面餐館品嘗美味。千玲、佩珊、宋泮萍老師兩回租車陪我到外地遊覽，我們同賞了了梨山、福壽山、合歡山的美景風光，我們在三千多公尺的高山頂上，俯瞰雨後青山。出租車司機告訴我，這是難得一見的雲海，只見那白雲忽然向空中升騰，時而左右旋轉，時而又回落下沉，變幻莫測，宛如人間仙境，大自然的奇特、奧妙美不勝收。這難得一見的奇景，讓我一飽眼福，十分幸運。

他們三人也陪我去了法鼓山，中臺禪寺，參拜莊嚴的佛教聖地，激起我心中無限的景仰。

我和許佩珊在水磨教學的三個半月裡，接觸甚多，她工作之餘會抽空來陪伴我，關心照顧我的生活。她的性格溫和細心，做事待人又非常誠懇踏實，她有時去往南京出差，途經上海也必會抽空來看我，而我每一次到臺灣，即使是別的單位邀請上課，她也會來機場接送，情重義切，我感激在心。所有水磨朋友的關懷長在我心田，是我此生美好的回憶。

國光劇團的師生情

早在二〇〇〇年初的時候，我在水磨曲集劇團教學，受臺灣洪惟助教授的邀請，由助理吳欣霏帶領我到國光劇團排練場，為國光的青年演員金素娟、劉嘉玉加工崑曲〈春香鬧學〉，正當此時，認識了世錚曾教過的兩位老生，王鶯華、鄒慈愛。初次相識，受到他倆非常熱情的款待。

之後在二〇〇四年，由臺崑洪惟助教授邀請，赴臺灣教學，劇目是〈陽告〉、〈拜月〉，學習〈陽告〉的成員是復興京劇團的梅派青衣郭敏芳、花旦演員楊莉娟和國光的花旦演員李光玉三人主學。國光的程派青衣王耀星，梅派青衣劉珈后，學習〈拜月〉的閨門旦瑞蘭，並由國光的花旦演員陳長燕和復興的花旦演員陳麗如學〈拜月〉瑞蓮。臺崑的團員是國光和復興兩家京劇團的青年演員聯合組成，他們學習崑曲的程度不同，有的已經登臺演出，有的初次接觸，例如王耀星就常說：〈拜月〉是我的第一齣崑曲啟蒙戲。正是這個意思。

二〇〇五年初，朱惠良發起紀念國光劇團已故小生高蕙蘭女士的活動，約蕭本耀、王志萍共同商量，成立臺灣蘭庭崑劇團，由朱惠良擔任團長、蕭本耀、王志萍擔任副團長，並準備籌畫排戲劇目，企望給觀眾最難忘的見面禮，以作為建團開炮戲。他們把以上的情況和戲目的選擇告訴了我和世錚，並且邀請我倆主持排練，在我和世錚夫婦的觀念裡，建團劇目就是要喜慶、要歡樂，我們選了《獅吼記》作為目標，通過相對通俗易懂、生動有趣的演出，來讓觀眾留下深刻印象，雅俗共賞的輕喜劇也是正適合作為臺灣蘭庭崑劇團出發的第一步。

製作團隊接納了我們的意見後，為此特別自美國邀請了著名表演崑曲藝術家溫宇航先生擔任主角陳季常，並由國光的優秀旦角朱安麗飾演悍妻柳氏。

時隔不久，也不知是蘭庭的大運旺，抑或朱惠良女士的格局注定要帶旺文化圈，朱惠良女士真除新北市文化局長，蘭庭就由王志萍接管團長位置，並兼任藝術總監。將近年底，我倆赴臺灣參加排練工作，首次認識溫宇航和朱安麗兩位年輕主演。在排練中，兩位年輕演員的虛心、認真、全心投入，對人物的刻劃演變，小生風流俊雅，旦角風彩多姿，雙雙配合得十分默契，到二〇〇六年初，《獅吼記》正式登上新舞臺，向臺灣觀眾亮相獻禮，兩位主人翁表演得深入其境，將崑曲的載歌載舞聲情並茂，演繹得精采卓絕，觀眾的笑聲和掌聲把臺灣蘭庭崑曲團的首演成就推向高峰，這個民間劇團，可謂是一炮打響聲名大振。

溫宇航自此後成為了蘭庭的駐團小生藝術家，蘭庭崑劇團有任何的演出排演，都會邀請國光劇團旦角演員前來搭配，這也是我和國光女演員們結下崑曲友情的肇始。

國光劇團女演員們可以說是美女如雲，長得容貌端正亮麗，各具丰姿。更難得的是她們深刻認知崑曲的價值，各個渴望學習的心和認真的學習態度，都讓人印象深刻。我記憶中，前前後後為她們排了好多劇目，包括〈拜月〉、〈斷橋〉、〈思凡〉、《連環記》、〈小宴〉、〈產子〉、〈琴挑〉、〈偷詩〉、〈遊園〉、小全本《長生殿》、〈尋夢〉、〈亭會〉等等，在學習過程中，我對她們的身段、一舉一動、亦步亦趨的高低幅度、角度等，全方面進行糾正、規範，求得柔和優美、同時啟發她們對眼睛的運用。有了崑曲的滋養，不斷豐富和提高她們的表演，譬如劉珈后演出的《天女散花》所表演的綢舞動作，和亮相時的雕塑姿態，比先前的舞臺表演，提高了許多。

陳長燕在學習崑曲表演中，不斷進步，令我印象深刻，從開始排演的〈琴操〉、〈小宴〉中的貂蟬、到二〇一八年臺崑編排的新編大戲《夢中緣》，她擔綱飾演女主角媚蘭，我為她設計的身段和表演，她都完成得很好，從排練到演出，她是不斷提高的。無論在眼神的傳遞或者身段的起舞，她都把握得恰如其分，能符合人物的身分情境。

有一年初夏，具體的年份我已經記不清楚，蘭庭崑劇團王志萍邀請我去教授〈琴挑〉、〈偷詩〉，演員是借用國光的女生，場地也是借用他們的排練廳。經雙方領導協商後，希望我能抽出時間，為國光青年演員戴心怡、蔣孟純、張珈玲和一名花旦新秀凌嘉臨教一齣崑曲〈遊園〉，提高她們的唱念做表，以及武戲文唱的功夫，為此把兩個劇組的學習時間交錯分開，我一邊教文戲組〈琴挑〉、〈偷詩〉，一邊教武戲組〈遊園〉。

〈琴挑〉、〈偷詩〉由陳美蘭、朱安麗、王耀星、劉珈后、陳長燕一起學習，她們在唱念做表方面有了先前學習崑曲的基礎，所以在排練時，進程比較快，重點是加深人物內心的表演，同時請小生溫宇航也一起來配合排戲，在他耐心的幫助下，雙方在表演的交流、互動能夠牢牢把握住尺度，為後來的演出奠定了良好的基礎。

安祈老師非常的愛才惜才，重視栽培青年演員，關愛他們的藝術成長，不久她又邀請我去國光劇團教學崑曲〈思凡〉和〈尋夢〉，仍然是幾名青年演員和新秀花旦凌嘉臨一起學習。這幾個女生在先前學了〈遊園〉，有了一些水袖和扇子的基礎功，雖然當時感到很難學，顧了水袖，顧不到扇子，但終於克服學會了，而在〈遊園〉中所學到的水袖抖扇，可以在〈思凡〉中運用，這幾名女生學習非常認真，如〈思凡〉裡的雲帚動作雖然繁重變化多端，這些她們並不害怕，因為武旦戲的動作很豐富，難度又高，她們有這些基礎，她們最擔心的反而是唱腔，尤其看到〈思凡〉那幾段長唱腔，因為她們不認識簡譜，習慣於口傳心授，所以在教唱的過程反反覆覆，一遍又一遍的花了不少時間，但每個同學都很用心，為了把唱腔學好學會，她們各自有自己的招數，如心怡，她在課堂上帶了一個小本子，在學唱時，憑她自己的記憶，把每支曲子長短唱腔的音律用各種符號做成標記，寫得密密麻麻，旁人看了完全不懂，只有她自己心裡明白。每個同學都是用心在努力學習，攻克難關，每天在課堂上練得滿身大汗，從不叫苦叫累，我喜歡她們這種勤奮努力的學習精神和勇於闖關的雄心，幾分耕耘幾分收穫，在結業匯報時，能把〈思凡〉的唱做帶表，一氣呵成展現出來，並且受到好評，真是不容易。

〈尋夢〉是特意為優秀青年梅派演員黃詩雅而打造的，排練之前安祈老師對我說，詩雅有一副好嗓子，音色很美，但是缺乏身段的柔軟，也不會用腰功，做比較直、四平八穩，想讓她學崑曲，提高她的做工之美。我很理解安祈老師的良苦用心，我考慮之後，決定用〈尋夢〉來提高她、改變她的現狀，因為〈尋夢〉在旦角戲中，也屬於一齣唱做並重的獨腳戲，有豐富起落的唱腔，有優美的水袖起舞，有開闔多變的扇子動作，對提高演員的四功五法，是極有幫助的。

崑曲有南曲和北曲的區分，南曲唱起來較為委婉，綿綿而軟軟的，所以吳音軟語；北曲的唱腔則高亢有力，富有激情；在咬字方面，南曲有入聲字，譬如木、讀、落、月、入這些，入聲字在念的時候，要稍作停頓，初學者的母語如果和我們江浙滬的發音不同，要學入聲字就比較辛苦。但既然要學崑曲，就是要學得像模像樣，要全方位的把它學好，不能半京半崑，這個難關是一定要過的，經過詩雅的專心努力，終於攻克了這一難關。

詩雅的身段動作缺乏曲線美，要改變她的狀況，首先要從基礎動作的站立姿勢、擺設的朝向、膝蓋的柔軟度和正確的用腰方法入手。因此〈尋夢〉的學習，做為以戲帶功來提高、塑造她的形體之美，在〈尋夢〉的唱段裡，每個招式、每步舞動中的舉手投足，加以糾正、指點她所做的動作。腿腳和雙臂必須鬆弛，不能僵硬，任何動作的轉換和起落都離不開腰的動力和掌控，用腰來帶動頭頸肩的協調，學習中經歷撥正、磨練，這個戲學，基本上改變了她原來的面貌，但這僅僅是軀體外型的美觀，缺乏內在深化，不足以感染動魄。

崑曲除了載歌載舞之外，還具有表演細膩的特點，表演要通過一雙眼睛來表達，我告訴詩雅，學〈尋夢〉先要認真地把握住杜麗娘心中的所思所想，情感的起伏演變，用靈動的眼睛表現其魂魄所致的神采，傳遞給觀眾。排練中讓詩雅對劇情和人物的了解、理解演變為體現。每段唱腔都要抓住表演中心，突出內心的感情。

麗娘帶著喜悅的心情再次來到先前漫遊的花園，滿幕撩人的春色引起她對青春年華的眷戀和珍惜。心中的夢、夢中的人一直迴盪在心，她回顧四處，尋找夢境中的牡丹亭、芍藥欄和那翩翩少年相遇相見、牽手相依的動人情景，彷彿就在眼前，她如癡如醉，含羞帶喜的沉湎於美夢的回憶，直到被落花驚醒，她的魂、她的心，依然念著那少年，情切切的向四處呼喚著秀才……，然而呈現在眼前的是一片荒涼之地，唯獨一棵梅樹拔地而立，此時悵然失落的麗娘只能將滿腔深情寄託於梅樹，麗娘扶倒在梅樹旁，希望能和夢中的人兒在此相見相守。

排練的流程中，透過不斷的溝通和啟發，對於情境和人物的描述，讓詩雅對人物產生理解，讓詩雅對人物的內心和身處的環境有更深刻的認識和想像。一段時間訓練下來，成果可謂斐然，對於首次學習崑曲的詩雅，在做工和表演方面都得到長足的提升。可喜的是她在這麼年輕就能接觸到崑曲，透過和百戲之母的相逢，詩雅在京劇舞臺上的人物將會更豐美、更細膩，希望她能把握自身原有的優點，並運用崑曲的內涵，為觀眾演繹出更多深情動人的故事。

二〇一四年初春，臺灣國立戲劇學院邀請我前去給畢業前夕京劇科的學生教授崑曲〈思凡〉，課堂上有十幾個女同學，她們有的學青衣、有的學花旦，也有學習武旦的孩子，組織她們一起學習崑曲藝術的載歌載舞形式，透過〈思凡〉的唱念做表，加深她們在校前期所學習的基礎和表演能力。以戲帶功的方法，在鞏固原有的基礎、並進一步提高和精煉。

每一個學生的練習，都經過我仔細的調教、規範，她們學習的興趣很高，態度都非常認真，因此在課堂上的進步是明顯的，每個人也都得到了相當多的收穫。在這群孩子中間，我發現林庭瑜和孔玥慈這兩個孩子頗有靈氣，表演有滋有味，學習結業時，領導要我挑選一名學生作彩排匯報，我選了林庭瑜作為學生代表。畢業之後，她被分派在復興京劇團，期間曾對外演出〈思凡〉，後來她又被調派到國光京劇團，備受重視和培養，如今是該團的青年優秀演員了。時隔一年，受國光劇團邀請，我再次來到臺北，為林庭瑜教授〈亭會〉。

〈亭會〉這個戲，可說是唱念皆繁，劇中的女主人翁謝素秋，在行當上歸屬閨門旦行，但這個人物是個教坊裡面賣藝不賣身的妓女。她和養在深閨的大家閨秀不同，她見多識廣，口齒伶俐，人脈也廣，因此她雖屬於閨門旦，但在表演上要略帶一些花旦的色彩。出場兩段【風入松】、【好姐姐】在唱腔、身段和表演上，要把以上特質表達出來，透過輕俏的眼神，打開閨門旦行當裡的拘謹。直到她到了亭子前，遇見小生的時候，她要在藏不住的靈動中，「裝作」斯文莊重，羞羞答答，這個人物在表演上要帶兩面性，雖然她扮作良家女子，但難免會流露出她執業的本性，所以當著小生面，裝出一副正經模樣，含蓄帶羞，背著小生的臉，她可以在扇子的縫隙中，窺探小生，這種輕浮的舉動，是表現她的本色。

庭瑜的接受能力很強，相當有悟性，表演上對她的要求和指點都能體現出來。〈亭會〉雖然是她首次登臺演出，但在舞臺上顯得很熟練，與小生配合交流都很默契，水袖和扇子動做表現得乾淨利索，演出獲得成功，願她再接再厲，精益求精，更上一層樓。

大約是二〇一五年的夏季，國光劇團把曾經在蘭庭學習的崑曲《玉簪記》搬上舞臺，演出地點就在中正紀念堂的演藝廳。潘必正由崑曲表演藝術家溫宇航領銜，陳妙常分別由陳美蘭、王耀星、朱安麗各自擔任〈琴挑〉、〈問病〉、〈偷詩〉、〈秋江〉的主演。難得的是這三位女主演，雖然都是資深的京劇演員，但在唱念做表方面都很符合崑曲規範、有崑曲的風味。

陳美蘭學習崑曲的時間比較長，多次登臺表演崑曲，是三位女主角當中相對有崑曲演出經驗的，她的做工又細緻，身段柔美，她演出的〈琴挑〉能把妙常初識潘必正的愛慕之心表演得十分到位，那種忽隱忽現、若有若無的情愫、含羞帶怯的情態舉止，體現得恰到好處。美蘭的表演能貼近人物的感情和情境，這應當是長年學習崑曲的成果和收穫吧！

王耀星，我曾看過她演出程派戲《鎖麟囊》，做工表演莊重端麗，唱腔悅耳動聽，她學習崑曲的時間較晚，但相當用功，我每次教戲她都主動來學，《玉簪記》的教學過程裡，她專心認真，此番演出〈問病〉、〈偷詩〉是她的初次演出，我觀看她臺上的陳妙常表演，已經跳出她原來程派的戲的表演風格，王耀星在劇情中，準確的表現出陳妙常擔憂青春逝去，一派不情願在尼姑庵內，守著青燈、聽著晨鐘暮鼓，任憑美好時光兀自消磨。當她遇到潘必正的情感挑動，表現出害羞中帶著暗喜的繁複情緒層次，這對首次演出的王耀星來說，可以說是一個重要里程碑，她的表演讓人耳目一新。

〈秋江〉的陳妙常則由朱安麗壓臺上演。我與安麗的師生緣分，早可以回溯至蘭庭排演創團大戲《獅吼記》的時刻。此後，每逢我在蘭庭或國光排練，幾乎都有她的參與。《蘭庭六記》的演出中，她與郭敏芳共同學習《白兔記》中的〈產子〉，並在香港的志蓮淨苑演出。蘭庭後來又安排她單獨和我學習〈思凡〉，所有蘭庭舉辦的學習，都有她的參加。安麗的學習很聰敏機靈，學到之處，很快能體現，她演出的〈秋江〉比較符合當時陳妙常在追趕潘必正的那種情切意濃和萬分不捨。作為一名京劇演員，在舞臺上演崑曲，能連續的把劇中幾大段唱腔，載歌載舞的一氣呵成，相當不易，身段和小生的共舞，配合得頗為嚴謹貼切，那種近乎天衣無縫的默契，令我嘆為觀止。

國光劇團推出崑曲《玉簪記》的演出，既展現青年演員在崑曲舞臺上的新風貌，又展現出通過崑曲的薰陶後，對京劇演員在表演風格上的豐滿和昇華，當然崑曲也透過這些演員在舞臺上展現出來，這對崑曲的發展是有重大貢獻的。

為國光劇團〈尋夢〉的教排主要是為了詩雅打造，〈亭會〉則是以庭瑜為主學，有限的排練時光，我常常顧不得其他女生，但她們每一個人都很認真在後面跟著學習，每節課從不遲到，沒有一個人鬧情緒、發牢騷，所有人都是開開心心學習。論輩分，她們當中很多人都是成熟的演員了，在京劇舞臺上有豐富的經驗，特別是海字輩的劉海苑，她已經是一等演員，可她沒有絲毫傲氣，每次上課也是用心的跟著學、跟著練，這些學姊對兩位主學的學妹很愛護，很關心，學姊展現的謙虛、友愛品行和學習風氣非常可貴，讓我感動。

在此，我要感謝這些美女們的尊師美德，每次學習結束前，她們聚集一堂，以謝師宴向我告別送行，這份情誼，時常在我心中迴盪，我會永記在心。

崑曲結情緣

二〇〇七年的初冬季節，應臺灣戲劇學院鄭榮興校長的邀請，前往臺灣為曾永義教授新編的崑曲歷史劇《孟姜女》參與排練，並做身段設計。主演《孟姜女》的是復興劇團一級演員朱民玲。這是我第一次和該團的演職員接觸認識，我主要為朱民玲、趙揚強編排身段，在緊張有序的排練中，彼此配合融洽，做得很愉快，全團的同仁們對我十分熱情友善，尤其是敏芳、瑞蘭、邢姐（源琳）、阿麻（張化緯）等，很親切隨和，經常會買些水果、點心之類送到我的宿舍裡，她們的關心使我感到溫暖，從此結下不解情緣。

之後我又兩次被邀請前往臺灣復興劇團參加排練，曾永義教授新編的崑曲歷史劇《楊妃夢》和《蔡文姬》兩齣大戲，時間都安排在炎熱的夏季，這時候學院的學生已放暑假，餐廳的員工們也都休息回家，所以沒有膳食供應。當我到達她們劇團，邢姐、阿麻、敏芳、瑞蘭、小妹（朱民玲）、嫣然都紛紛湧上前來，圍著我和我擁抱，她們先陪我去宿舍，當我打開宿舍的房門，發現房間內已整齊擺滿了生活所需用品以及水果點心這些東西，全是她們從自己家裡拿來的，連床上乾淨的蓆子、棉被、枕蓆等等也是朱民玲家裡的，她們想得如此周到，瑞蘭還把按摩機也拿來讓我們用，這份用心孝心，使我非常的感激感動。

隨後邢姐對我說，學校餐廳停伙，您排完戲很辛苦，外面天氣又熱，您不要去外面用餐，就和我們幾個姊妹一起吃，我們吃什麼您就將就著吃。足足兩個月的夏季，午餐都是由她們供應的，楊莉娟也會燒一大鍋鳳梨雞供大家享用，她們的真情真意，我無以為報，只能在排練中，盡心盡力的無私付出。和她們在一起，心情快樂輕鬆，從相識到相知，從稱呼我老師到改口稱我和張世錚老師為老爸、老媽。

緊張的排練之餘，每到周末，幾位女兒們放棄在家的休息，陪同我們外出遊玩，讓我們精神放鬆。去往臺中，在日月潭坐郵輪觀景、去拉拉山看古樹、在埔里逛老街、到苗栗牧場餵小牛、往棗莊吃棗飯、去基隆吃海鮮，兩次前往新竹，在麵包房的火爐旁做披薩，特別要感謝劇團的團長梁月櫻，她是新竹人，對我十分友好關心，我們每次去新竹，都受她殷切的招待，還宴請品嘗海鮮。

二〇一三年我和世錚老師在木柵的學人宿舍，為蘭庭排練小全本的《玉簪記》，有天中午，在為邢金沙加工複習排戲即將結束時，朱民玲興沖沖地來到駐地，開口便說，老爸老媽我開車來接您二老去吃飯。我們要推辭，民玲說，不行，姊妹們都在餐廳等候二老。盛情難卻，我便叫金沙一起前往，到了餐廳，果然七位女兒們圍桌而坐，其中還有曲姐（曲復敏，復興京劇團的著名老旦演員），桌上還放著一尊大蛋糕。待我倆坐定，女兒起身高喊，老爸老媽金婚快樂，緊接著大女兒邢姐從包裡取出二對小禮盒，把龍鳳金鑲玉的掛件掛在我倆的胸前，這驚喜來得太突然，她們怎麼會知道今年是我倆的金婚年呢？席間閒聊時才知道原委，前一次週末女兒們陪同我倆去淡水漁人碼頭遊覽，給我倆拍照時，女兒們開心地笑著說，老爸老媽好健康幸福啊，講講您倆的故事吧！我隨口而說，這五十年我倆也經歷風風雨雨，總算把兩個孩子撫養大，給他們各自成家，這一路走來，也很辛苦，好在兩個兒子都很孝順，這是最大安慰。言者無意，聽者卻有心，竟把這幾句話記在心裡，特意為我倆做金婚紀念。這幸福感人的情感和女兒們的孝心，一直伴隨著我們生活的每一天。

01 ｜我給謝俐瑩、宋泮萍說〈拜月〉

02 ｜我和臺灣曲友許佩珊、鍾廷采上課；每一趟來臺灣，都受到她們的熱情關照

我的啟蒙老師——周雪雯

張志紅（浙江崑劇團演員、國家一級演員）

啟蒙，是藝術生命的起點，是人生最關鍵的一步。在一個人尚且茫昧混沌、懵懵懂懂的時候，她就宛如是一張白紙，老師給這張紙添上一筆，染上一點，暈彩鋪排，就悄然定下了她日後的雛形，定下了她日後將被繪成什麼模樣，痕跡難以抹去。

猶記四十年前的夏天，我去參加浙江崑劇團的招生考試，長排的考官中印象最深的是一位女老師，柳葉眉、大眼睛，穿一件黃綠相間碎花短衣，卷卷的短髮端坐在那裡，我暗自驚呼：真是好美啊！這就是領我進入崑曲藝術殿堂的啟蒙老師——周雪雯。

周老師是個和藹可親、性情溫和的老師，記憶中她從不訓斥我們，總是很有耐心的引導啟發。當時我年紀小膽子也小，在唱腔課時很怕老師叫我一個人唱，可偏偏周老師就會點我，讓我單獨起來唱；在上身訓課時，也會讓我示範動作，經過幾次鍛鍊，我的膽子慢慢大起來了。而我記憶中最深刻的是剛進崑劇團時，因為我們是隨團學員，就住在劇團的集體宿舍裡，到週末才可以回家。不久，周老師就過來問我：「張志紅，你會不會梳頭啊？」週末回家時，周老師又來關心我：「認識回家的路嗎？要不要送你？」這些往事記憶猶新，想起來歷歷在目，不變的是那一份永難忘懷的溫暖！

崑曲對基本功的訓練要求很高，除了腿、毯、把之外，唱腔、臺步、身段、指法、水袖都是周老師開蒙，所以我們這批學生的身段動作路子很正、很規範，沒什麼毛病，而這一切都要感謝老師。在學期間，我還向老師學了〈思凡〉、〈水鬥〉、〈百花贈劍〉、〈千里送京娘〉、〈昭君出塞〉等折子戲，直到現在，我依然帶著這些戲登臺演出。

時間的推移如流水浮雲，有些人事會消泯淡忘，但有些則永銘於心，對自己的啟蒙老師便是如此，老師所教的一切，點點滴滴都挹注心頭，無時或忘。幾十年的歲月流淌而過，現在自己也是一名教師了，在教學中很多地方都運用了當年周老師教我們的程式規範和教學方法，全方位提高學生的基礎和表演技能。想想老師給我們的這些寶貴財富，真讓我們受益終身！謝謝周老師對我的栽培，才有我的今天。祝周老師身體健康！

感謝「老媽」的疼愛與教導

朱民玲（臺灣戲曲學院京劇團當家花旦）

師生情誼——崑劇《孟姜女》

二〇〇六年的夏天，劇團為了明年初在國家戲劇院演出曾永義老師的劇本《孟姜女》，團方受曾老師建議，特請上海周雪雯老師來團為我設計此劇身段及指導。

十月初臺灣正熱的氣候，老師來到了團裡，《孟姜女》中有戲的演員均到場歡迎。這是雪雯老師第一次到復興劇團（現為臺灣京崑劇團）。初看到雪雯老師，我的印象是，這位老師真是好有氣質，散發著一股說不出的韻味，心中一面揣想：「難道學崑曲都能有這麼好的氣質嗎？」一面暗自竊喜；老師一開口，自我介紹與來團工作目的，我更被老師的聲音深深吸引，老師怎麼連說話聲音都像小姑娘般嬌糯軟嗲，如此好聽！那一瞬間，我的心情是放鬆的、開心的；但事實上，因為我是個京劇演員，又是專工花旦，對崑曲一點根基都沒有，團裡卻讓我接下如此重擔，當時實在是非常的擔心、害怕自己無法擔綱完成此次任務；更擔心自己會讓雪雯老師失望。帶著這樣紛雜的情緒，我們開始了課程，上課前團長曹復永老師就將我介紹給雪雯老師說：這是飾演孟姜女的朱民玲。

從課程開始雪雯老師給予我很多的鼓勵，上課期間我記得雪雯老師最常提醒我的就是：民玲，崑曲旦角身段都必須要用腰帶動身體才美的，還有肩膀不能常聳肩，要放鬆；可那時我真是愚鈍，還未體會出腰的用法；再加上我又是學花旦的，難免抖肩、聳肩較明顯，所以老師每每提醒，更是親力親為一遍又一遍的示範給我看，讓我更加的注意，時時地自我提醒，輕易不敢鬆懈地謹記在心。

一個星期從一到五，上下午都須上課，一天上課六小時。雪雯老師每天下課時也都是汗水淋漓，非常地辛苦！當時心裡只有一個念頭，那就是：「我必須用功努力，且有所成績，才不辜負雪雯老師對我付出的辛勞！」每天上課雪雯老師都會先讓我複習前一天所教的，熟練後再教新的，如此溫故知新，每日循環不廢；因為雪雯老師知道我雖有京劇的底功，但沒有崑曲的韻味，還得一步一步慢慢地磨，所以雪雯老師不只在身段上多有編排與指導，在崑曲念白與咬字上也幫我修正許多，盡量幫助我更貼近崑味兒；在人物基點掌握上，每段唱與每場的心境與情境也都一一為我分析與提醒。看著這樣一位老師，我心裡頭就想：「有老師真好」。為此劇，我和雪雯老師相處了兩個月的教學時間。這期間除了上課，鮮少與雪雯老師單獨互動，因為連假日我也不敢偷懶，不是在家複習就是到團裡練，只希望再上課，時別忘了，若是忘了就太對不起雪雯老師了。臨到老師回去前，還關心地囑咐我：「一定要多練、多揣摩，別擔心，妳一定可以演好的」；當時感動的淚水已在那兒打轉了，心中的感謝萬般，卻是不知如何啟口才能完整表達！在老師回上海後，每當練習、排練時，我總在心中想著，不知何時還能再見到老師，每每還是會不時的思念老師和上課時的點點滴滴。

《孟姜女》二〇〇七年三月在國家戲劇院演出完後頗受好評，我心裡非常感念老師的殷殷教導。後來知道四月份要到大陸巡演，北京、上海、蘇州、廈門等地；那時的通訊沒現在那麼的方便，卻實在很想第一時間將此訊息告訴老師。因為在臺北首演老師未能到場看到我的演出成果，心中不免有點落寞和遺憾，但一知道要赴上海演出，可以再見到老師，我的心裡無比的開心；在上海逸夫舞臺演出，雪雯老師和世錚老師二位賢伉儷均到場為我們加油打氣。在臺上我更加的專注與賣力；演出完雪雯老師給予我不錯的評價；但我知道當時老師是鼓勵多於指正的。演出結束，在上海與老師分別，心中盤旋著的卻是，難道就此與老師斷了師生緣分了嗎？答案卻在隔年才揭開——聽說老師受邀至國光劇團授課，心中的開心難以言喻，因為我又能見到老師了！詢問了老師上課地點後，我立馬前往探望老師。很溫馨愉悅的與老師敘敘家常。雖是短短的幾句話，已解我對老師之思念。同時我也明白，這份師生情緣，是永不止息的！

亦師亦母——崑劇《楊妃夢》

二〇一一年團裡又接獲曾永義老師新編崑劇《楊妃夢》的演出，當時就拜託曾老師建議團方再次邀請雪雯老師來團編排身段與指導。我無比的感謝曾老師，因為《楊妃夢》讓我又有機會向雪雯老師學習。劇團安排老師來教學的時間是八月，又是個炎炎夏季。老師一來上課時，就看到老師手裡拿著一對雪白色的羽毛扇，還來不及問，老師就說在此劇中的第一齣霓裳羽衣，有一支曲子需要舞蹈，老師所編排的舞蹈須用這種扇子，怕我們這兒沒有這樣的羽毛扇，所以老師就買了一副帶過來要送給團裡。當時我真是感動萬分，老師連這樣的細節處都替我們安排周到，老師於我，真的就像對待自己的孩子一般，無處不為我們體貼設想。無奈當時雖有很多感謝的話想說，但我卻只是嘴拙地一直說謝謝老師，四個字翻來覆去，只希望老師能感受到我由衷的感激之心。

這次老師來的時間雖然不短，但任務更繁重，老師除了教我和趙揚強之外，劇中還有一旦角角色梅妃，團裡也拜託老師一併代為教學；並且也在角色的造型上給予我們許多的建議與幫助；甚至，老師還為了戲更好，大力幫忙說服葉復潤老師擔綱劇中一重要角色「程先生」；葉老師經雪雯老師、曾老師和曹團長的勸說下，也就不好推卻，欣然答應了，而有了葉老師的參與，自是為此劇加持增色不少，《楊妃夢》一劇事無鉅細，都有雪雯老師的幫忙與心血，老師的辛苦實在難以言傳於萬一。

上課一如以往，但是這次除了上課學習時間外，我們還邀請老師中午與我們一起用餐；當然這就要感謝邢姐（邢化琳）、阿麻姐（張化緯）、郭姐（郭勝芳），她們一起用心的準備。其實在多年前，郭姐、瑞蘭（唐天瑞）、小楊（楊莉娟）就已受老師教導過，所以與老師較熟識。記得每次老師找瑞蘭時都會說：我的小女兒在哪兒呀？我們一聽，不想瑞蘭一個人專美於前，我們也要求要跟著叫老師「老媽」，老師也非常開心的應了我們，如此一來，老媽的「七仙女」女兒就從這時開始相互認定了；感謝老媽對我們的疼愛，除了上課在排練對我更加嚴格，要求也高了，因為老媽說現在可不能像初學者了，得要有人物內涵，動作要更加順暢柔美，而重點還是「腰」。

經過上一齣戲《孟姜女》的磨練，到這齣戲《楊妃夢》，中間雖隔了二、三年的時間，老媽所教給我的要領，我不但沒忘，更融入在京劇身段上，不再那麼生硬，更顯豐富、柔韌，許多師長也都稱讚我在身段動作上有進步！聽到這些稱讚，我總是回答，這是跟雪雯老師學習過崑曲身段才帶來的蛻變與進步；也因這番轉變，在這次《楊妃夢》身段課程的前半階段，進境也就較快些，後半階段就加入全劇排練，邊排、邊教、邊修改。於我而言，這一次的經驗，無形中讓我在老媽身上學習到：身為一位專業演員所必須具備的記憶力和反應力，過程雖然辛苦，但成果卻是受用無窮的。

九月二十三至二十五日在臺北市城市舞臺連演三天，三天演出加一天的彩排，老媽都陪在身旁照料與把場，讓我再次感受到：「有老師真好」、「有老媽在好溫馨，更放心」。成功演出完畢，抱著老媽道其辛苦與感謝之意，最重要的是趕緊照相，因第一次演出崑劇《孟姜女》時緊張到都忘了照相，事後我非常的後悔，因此這次抓住機會，留下珍貴的時刻與紀念，真的謝謝老媽在戲曲造詣裡幫助我又更提升了一些。

感念老媽的辛勞，除了中午用餐休息時間，女兒們輕鬆的和老媽聊天敘家常，在假日偶爾也陪著老媽到處走走吃吃，老媽每次都會婉拒我們說：「你們上班已經很辛苦了，還要陪我，不要不要，你們還是休息吧！」但我們知道老媽是心疼我們，可我們也想盡女兒們的孝心，讓老媽輕鬆輕鬆，每次老媽都拗不過我們；老媽和我們相處非常融洽且開心，無話不談有說有笑，女兒們有時難免向老媽訴訴為人媳、為人母或女之苦水，老媽都會勸解我們，思想上更是給予我們正面能量。如此說來，老媽不只在藝術造詣上傳授教導，在做人處事也一直提醒、糾正我們，讓我們覺得心中非常溫馨，也特感謝老媽。

情同母女視如己出——崑劇《蔡文姬》

二〇一六年京崑劇團又接獲曾永義教授另一大作——崑劇《蔡文姬》的演出，此劇是要在士林戲曲中心成立時公演。已唱過幾齣崑劇的我應該是無以畏懼，但為戲求好心切的心提醒我，還是須拜託借助曾老師之力，向劇團申請邀請雪雯老師來臺為身段指導。但這次我以老媽年事已高為由，須有老爸相伴隨老媽一同前來；劇團也答應二位老師一併申請來臺。這是老爸老媽第一次一同來到京崑劇團，但老爸純為陪伴老媽來臺，順道與女兒們相聚，當然了，這才是讓老爸最開心的事情。

殊不知從一開始《蔡文姬》一劇就困難重重；先是服裝的經費短缺，故而須東湊西拼，當然更需要藉助二位老師之力，從劇團現有的服裝上著手，以利第一波宣傳照的產生；最終有了成果，著實要感謝老爸情義相挺，幫助我們。而當我們開始讀劇本時，老爸也幫助演員們在詞句上稍做一些調整；光是第一場〈憂世託孤〉，老爸和老媽就煞費腦筋。有道是「萬事起頭難」，光是年輕的曹操和蔡邕人選，幾經老爸老媽和導演（曾漢壽也是第一次參與崑劇的導演）協商後，決定由趙揚強扮演前曹操後左賢王，蔡邕由張化緯擔綱，二位演員當然都是看在兩位老師的情份上（也真無做他人之想），做了最終定案。接下來的每一天，老媽負責編排身段，老爸更是非常辛苦積極地整理每場的唱段，並幫忙修編唱腔，為了這戲老爸還熬了幾個通霄，才將《蔡文姬》一劇的幾齣重頭戲：第四齣〈別夫離子〉、第五齣〈府堂大會〉，和第六齣〈胡笳訴怨〉的唱段修編完成；而我只能占用老爸老媽晚上休息時間，請老爸拍曲教唱。白天排戲已讓老爸老媽受累了，晚上還要教我唱腔，一遍又一遍的拍曲，這樣的恩情，小妹我真是感喟無已，總是俗氣地想：「這真是前世修來的福氣，今生有幸與老爸老媽結緣為親人」；而我也唯有更加努力將戲演好，方不辜負二老所付出的辛勞。

一齣新編崑劇在舞臺上呈現，從無到有真的真的是很艱辛的路程，編排老師和導演的前置作業並不是我們演員能感受到的辛苦。這次《蔡文姬》一劇的編排，導演雖已有構思，但想法和實際舞臺的呈現多少還是有些出入的；所以這是我這次看到二位老師每日跟時間賽跑，為此劇費盡心思，無疑的就是要此劇更好，更合理化；每一場粗框完成排練後，二老與導演會一再的討論與修改，每場都還不止一次、二次，甚至好幾次，當然，演員也必須要及時地配合，隨時機動地調度與修正，這也是我在這次的排練中，又一次的學習跟成長的地方；也必須在此再一次的感謝老媽的幫助與提點，我才能在劇藝與排練臨場的機智上更精進些了。

排練時間，前三個星期身段教學全戲的整合排練後，最後一星期必須經過響排與彩排做為第一階段完成的呈現。在開始響排時，我們又面臨了一個難題——音樂編整尚未完足，在沒有音樂陪襯、參與的情況下，老爸就靠他的經驗，在劇情需要時即興的由嘴裡哼唱出來，音樂組的同仁就會根據響排的錄影，依照老爸所哼的，再加入其他樂器來豐富；這樣彩排時就不至於那麼單調。全劇排練完成彩排呈現後，長官們給予很高的評價，而我再次感受到老藝術家的內涵與功力，更體認到經驗的累積、對自我的高度要求與敬業態度，才是我們後輩最該學習的。

為期一個月密集的排練結束，世錚老爸、雪雯老媽任務完成要回上海了；雖不捨還是要接受現實。感謝老爸老媽一個月的辛勞，密集的編創設計、教學、修編唱腔在一個月內全部完成，除了「超厲害」、「超專業」，也找不出更貼切的詞彙來形容了；更要感謝老爸無私的奉獻與教導，畢竟老爸是無酬勞的幫忙，因此這份恩情永生難忘。

但是計劃永遠趕不上變化，爾後劇團行政組收到戲曲中心因故無法在年底如期上演的訊息；因此《蔡文姬》一劇就此擱置；但老媽回上海後還不時提醒我要勤加練習。後來，隔年二〇一七年老媽受國光劇團邀請教學再次來到臺北，而《蔡文姬》一劇最後定在十二月八、九、十日三天的演出，正好老媽教學後能接續上我們彩排和正式演出時間，對此真是感謝國光劇團答應將老媽來臺時間延長，讓我有機會將學習的成果展現給她。戲曲中心彩排完後，老媽忽地說：「我想出場時改個方式」，我當然應允，畢竟老媽在臺下看演員的身段、人物的掌控，對於大家的狀態是最清楚的；而在第二齣〈邂逅賢王〉老媽也幫我加了兩個動作，更豐富了蔡文姬當時尷尬猶豫不決的心情；第四場〈別夫離子〉老媽也幫我加了動作，更能體現出蔡文姬拜別昭君墓時惺惺相惜的寫照；說完後老媽問：「小妹，一下子改動，妳記得住嗎？」我回答：「老媽，我一定會記住的，老媽為戲為我如此的費心，我當然也應當記住，並自我修正及反覆練習改動之處」。感謝老媽每個階段對我的了解，給予適當的功課與壓力，這也是訓練演員的反應與機智。老媽也從彩排連看了三場，因老媽在臺灣已是桃李滿天下，並結交了許多朋友，所以只要是老媽所教的戲，一些學生朋友都會來看，老媽都會跟我分享她的朋友及學生觀後評價。這都要感謝老媽的教導，讓我在崑曲的造詣上不斷進步；我更知道戲曲藝術是學無止盡的，要不斷的充實自己勤加練習，不枉老媽付出的辛勞與期望。

附錄

APPENDIX

我的偶像老師周雪雯

蘇春梅（國家一級演員、中國梅花獎得主、紅線女藝術傳人、廣州粵劇院花旦）

人的價值所在，不在乎你擁有多少，而視乎你付出多少；你擁有幾個博士學位，你是幾門技藝的大師，若對社會毫無捐獻，不肯付出，有何價值可言，與人何干。

周雪雯老師是一個肯為學生無私付出的老師，她也是我心中標準的教育家：老師本身既有藝、有才、又有格，我曾跟她學過青衣，花旦，小旦，針對幾個不同的角色，她教給我的一切，令人嘆為觀止，無憾，點讚。

有耐性，有智慧；老師肯「逆位思考」，肯站在學生的立場思考問題：「我當然笨，我若有你那麼聰明，就我教你啦，還用得著跟你學？」

她的金句：「世上只有不懂教學的老師，沒有蠢的學生」。心中有這句話的人，怎麼可能不是一個好老師呢！佩服，佩服！

無私，無保留；很多老師會留一手，我們自少就聽前輩說「教會徒弟，餓死師父」。但周老師連這關也大步跨過了，她給我的印象是「有問必答，答案肯定詳細，只怕你不問，最怕你不肯學，她一定會毫無保留，傾囊而授」。

周老師是一位很好的導師良友，如今，我凡是接到一個新的劇本，新的角色，我必然會找周老師先幫我走第一步，創作，然後再幫我「錦上添花，畫龍點睛」，只希望在我的七十分上，有了她，可以多加二十分……感恩有這益友良師「周雪雯老師」。

附錄 APPENDIX

周雪雯的執教之路

張世錚（中國戲劇家協會會員、浙江研究會理事、國家一級演員）

上世紀六〇年代初，浙江崑劇團因演員陣容相對較弱，於是在一九六二年八月，上海戲曲學校崑曲班畢業（俗稱崑大班）之時，由周傳瑛老師出面，向周璣璋校長提出請求，希望在畢業的學生中選取部分學生，支援「浙崑」。最終，校方選定五名同學來到杭州，周雪雯便是其中之一。

周雪雯離開了大上海，來到美麗的西子湖畔。雖說滬杭兩地相隔不遠，但由於杭州和上海之間地區差別，「浙崑」各方面的條件仍然相當艱苦。出於共同對事業的追求，和對崑曲的執著，我們「世」字輩的師兄弟們，和他（她）們漸漸拉近了距離。我和雪雯便從相識——相知的過程中，慢慢地走到一起。

誰都知道，崑大班培養的是新一代崑曲演員，將要在崑曲舞臺上流光溢彩。雪雯為此不遺餘力地刻苦學藝，卻因機緣巧合，還在學藝期間，她就與藝術教學結下了不解之緣，駐足講臺的時間，將近一甲子；而在舞臺上演出的時間則相對有限。那還是在上海戲校當學生的一九五九年，因為戲校招收了第二批崑曲班學生（俗稱崑二班），因為加倍繁重的教學任務，主教老師朱傳茗需要有助手輔助教學，便在授教的閨門旦學生組物色合適的人選。他見周雪雯機靈聰慧，接受能力較快，善於體現老師的教學理念，於是指定她兼任助教。雪雯於是有了學生和助教的兩重身分。

就在她擔任助教期間，江蘇省崑劇院派「繼」字輩演員赴上海向「傳」字輩老師學戲。由於這些老師的課時安排較密，難以抽出時間授教，便指定崑曲班相關行當的學生負責傳授，學習結果由老師把關。雪雯是這些「小老師」之一，傳授的反映還不錯。現在已是著名崑劇表演藝術家的張繼青師姐，幾次與我見面時，常常提起：「我演的〈蘆林〉，就是向周雪雯學的。」繼青姐始終把這件事記在心上，說明她的藝德是何等的高尚！絕不像現在某些後生晚輩因為獲了獎，有了點小名氣，便把啟蒙老師或者是主教老師丟在了腦後，生拉硬扯地自詡是某位名人子弟，為自己臉上貼金。

雪雯來到浙崑後，周傳瑛老師知道她在上海戲校學習期間就擔任傳茗老師的助教，於是便要她為劇團「盛」字輩學生馬佩玲教授《芙蓉嶺》（即《獄雲招親》）。一九六三年，她出色地完成了這一教學任務，首次在教學崗位上嶄露頭角。

一九六四年，正是全國大演現代戲的昌盛時期，浙崑排演了《血淚塘》、《紅燈傳》等劇碼，上海崑劇團、江蘇省崑劇院得知消息後，派人來杭州觀摩，並把《紅燈傳》搬回上海、南京，之後在當地公演。隨後，「上崑」排演現代戲《瓊花》，傳瑛老師即派周雪雯獨自一人前去觀摩學習，只用了短短一週時間，她在師兄弟姐妹們的大力支持下，就把《瓊花》所有的唱念及舞臺調度全部學完，回杭後，夜以繼日地教授並指導排戲，不到半個月時間，這齣戲便在杭州舞臺上登堂亮相。這次獨當一面地學戲排戲，為雪雯後來的從教之路，積累了可貴的教學經驗。

正當周雪雯在從教道路上開始發揮作用的時候，一場史無前例的「文革」運動，擊碎了她的夢想。但她並不氣餒，白天在工廠和工人一起上班，晚上回家悄悄地哼上幾句崑曲，練上幾個身段。我們夫婦倆還不時地談論崑曲的前途……。漫長的等待，終於迎來了崑曲的又一次新生。

一九七七年浙崑恢復。過了不到一年，依照浙江省委下發的檔文，劇團招收了六十名學員。傳瑛老師把教學重擔交付給雪雯，任命她為學員班業務班主任，這副擔子可不輕啊！如何把這批學生培養成才，是她日夜思考的問題。好在她曾在上戲度過八年學戲生活，對崑曲班的教與學均有切身體會，加上擔任助教，在浙崑教學積累的經驗，讓她有信心以上戲崑大班為範本，在每個行當、每個家門，都要培養出優秀人才。

周雪雯在執教學員班的過程中，深知萬事起頭難。難就難在要引導對崑曲一竅不通的學生，讓他（她）們愛上崑曲，還要培養吃苦耐勞的精神，自覺地打下扎實的基本功。由於前期開導工作做得到位，因此開始教學後，老師們上課就得心應手。雪雯是業務班主任，在教學方面從來不獨斷獨行，而是集思廣益，與所有授課的老師群策群力，對學生因材施教，教學效果事半功倍。一九八〇年秋天，浙江省文化廳召開了一次「藝術教學交流會」，浙崑學員班在會上匯報了基本功和一臺行當齊全的折子戲。這些學藝不到兩年的小學員，像模像樣地表演，受到了與會人員的高度關注，無不刮目相看。周雪雯和她的教學團隊因此感到非常欣慰。

然而，五年來浙崑學員班，並不是一帆風順的。它既受到人力、物力、財力的局限，又因為教學理念、辦學經驗的制約，可以說困難重重。開班初期，周雪雯就想打造行當齊全的演員隊伍，便決定採取派出去、請進來的教學方法。這是因為原先浙崑家底薄，行當不齊全，不得不把有培養前途的學生送到上海崑劇團，請教學經驗豐富的老師指導學藝；或者請外地的名師來杭州執教。這是一項出人出戲的明智舉措，卻受到來自各方面的壓力，主要出於門戶之見。但雪雯擇善固執、堅持己見，這樣的做法終於在劇團領導的支持下，取得良好的效果。

此外，在學生培養過程中，難免存在參差不齊的狀況。有些學生接受能力較弱，跟不上教學節奏；有的受體型、嗓音的限制，當不了主角，本屬於正常。劇團內個別領導竟提出讓他（她）們提前改行。雪雯總是堅決反對，理由很簡單：學員班學生不可能個個是尖子，紅花需要綠葉配，舞臺演出少不了同樣出眾的配角。再說，這些遴選招收的學生，自有一定的長處，如果輕率地讓其改行，不僅有悖劇團招收學員的初衷，而且很可能埋沒藝術人才，葬送他（她）本來應有的光明前途。舉個最典型的例子，如女生組的何晴，身材、形象都十分出眾，但就是嗓子出不來。有人提出來讓她到舞美組去管理服裝，雪雯據理力爭：沒有好嗓子的何晴，固然不能做到唱做俱佳，但她有好的形象，至少可以演二、三路角色，何況女性群眾角色也需要漂亮的女演員。就這樣何晴留在了演員組，仍然堅持不懈地刻苦訓練。過了不久，某電視劇組來學員班選拔演員，一眼就看中何晴的形象和表演。進入影視界後，她的藝術人生從此有了巨大轉折，後來成為知名影視演員。懂得感恩的何晴事後見到雪雯時，感激涕零地說：「周老師，當初如果不是您把我留在演員組，我可能現在就留在舞美組熨燙服裝，哪有我今天的成功。」

浙崑學員班正確的教學理念，和老師們辛勤地教學，培育了不少出類拔萃的藝術人才。不論是堅守在崑曲舞臺上發光發熱的「秀」字輩，還是在影視界嶄露頭角的崑門弟子，都飲水思源，念念不忘五年在學員班的學習生活。讓老師們感到欣慰的是，在四十五名學員中，獲獎演員不在少數，其中有獲得全國戲曲大獎「梅花獎」，有三人在全國影視界成了名人。他（她）們在紀念畢業後從藝三十週年之際，對學員班的教學讚不絕口。徐堅（「秀」字輩樂隊主笛，後調至浙江省文化廳藝術處後任副處長、巡視員）說出了大家的心聲，他在感謝老師們含辛茹苦的教學時，特別提到：「如果沒有周雪雯老師，就沒有『秀』字輩的今天！」

在藝術教學交流會之後，「周雪雯」三字在浙江戲曲教育領域就小有名氣，要求她前去上課的劇團、個人絡繹不絕。據我所知，之後短短幾年裡，她教過的後來蜚聲越劇界的學生就有：浙江小百花越劇團的陶慧敏、何賽飛，樂清越劇團的張臘嬌、寧波市越劇團的洪芬飛、湖州市越劇團的俞建華、嵊州越劇團的黃美菊等。一九八五年，舟山越劇團排演大型神話劇《夜明珠》，著名導演王媛邀請周雪雯擔任技導，為主演王志萍設計形神兼備的身段動作，在浙江省戲劇節上一舉成名，不僅獲得大獎，而且被著名表演藝術家王文娟看中，收為門下。

為期五年的浙崑學員班圓滿結業後，周雪雯沒有在執教之路上止步，而是在藝術教育陣地上開拓前行。她教學的對象除崑劇外，擴大到越劇、紹劇、甌劇、婺劇、錫劇、京劇等劇種，甚至遠赴福建、廣東、江蘇，為當地的地方戲演員教戲。她先後去上海戲校為崑三班、崑五班學生上形體課和教習折子戲，去無錫市戲劇學校錫劇班上形體教學課，去湖州市越劇團為青年演員教身訓、排戲，去杭州市藝校越劇班為學生打基礎，去寧波小百花越劇團和寧波市藝校、金華市藝校教形體課，還去了上虞越劇團教身訓，為浙江紹劇團自主開辦的紹劇班學生啟蒙，還遠赴福建省南平市為南詞劇團的演員進行身訓，去廣州為粵劇名家紅線女的傳人蘇春梅教戲、排戲……。雪雯除了在藝術教學上樂此不疲外，還另闢蹊徑，在指導排戲方面，也有所斬獲，聲譽漸起。一九八五年以來，她應邀擔任技導、指導排戲的劇團有舟山越劇團、浙江小百花越劇團、寧海縣越劇團、餘杭越劇團、永嘉崑劇團以及臺灣蘭庭崑劇團、臺灣復興京崑劇團等。她在應邀擔任藝術技導時，總是殫精竭慮地在原有成果上進行二度創作，致令得到錦上添花的良好效果。這樣的藝術創作與藝術教學相輔相成，使她的執教之路光彩奪目。

周雪雯的執教之路，起步於百戲之祖的崑曲，卻不局限於崑曲表演藝術的固有模式，故而對其他劇種的教學也頗有建樹。其中教學崑曲歷時最長，而且形成一套完整的授教方式。此外，婺劇的教學，也是在正規的藝校體制內完成的。一九九〇年，義烏婺劇團委託金華藝校開辦婺劇班，團長鄭義明幾次登門來到我家，邀請周雪雯前去執教。已是著名婺劇表演藝術家鄭蘭香，對邀請崑曲老師執教婺劇旦角學員，心存疑慮，放心不下。等到婺劇班第一學年結束彙報演出時，看到這些學員個個基本功扎實，她十分欽佩，以致後來以她的名字命名的蘭香藝校開辦時，特地盛情邀請周雪雯到她的藝校為三十多名女學生進行啟蒙教學，如今部分學生已經成為婺劇舞臺上的生力軍。

周雪雯結束浙崑學員班教學任務後，除了外出教學外，在自己劇團也擔當起教戲的任務。獲得「梅花獎」的「盛」字輩演員王奉梅、「秀」字輩演員張志紅，都向她學過戲。團內任何人有關崑曲表演的問題向她求教時，她都樂於指點。目前，她受聘浙江藝術學校崑曲班教授崑劇《焚香記・陽告》和《白兔記・產子》，負責這個班的張志紅、郭鑒英、孫肖遠老師，亦是受教於雪雯的浙崑「秀」字輩演員。她們現在就是按照周雪雯老師當年的教學理念和方法，因材施教，教導學生打下堅實的基礎。雪雯從「傳」字輩老師那裡接過接力棒，在培養「秀」字輩學員時繼承與發展。如今，「秀」字輩演員繼承她的衣缽，致力培養「代」字輩學員，這就是崑曲教學上的傳承，崑曲教學就在這一代一代的傳承中發揚光大！

自二〇〇〇年起，周雪雯幾乎每年赴臺灣教學，有時甚至一年兩次。她不是傳授崑曲折子戲，就是為劇團排練上演劇碼作身段設計的藝術指導。她之所以受到臺灣戲曲表演團體的歡迎，是因為她在每一次講課或排戲前，總要認真地備課。如果是排演新戲，她更是做足功課，首先弄清楚新戲的立意、戲劇結構、劇中人物的年齡、身分、地位、個性及人物在整齣戲中的行動線，然後要吃透劇中人物的唱詞、念白的含義，這樣才能設計出與人物性格特徵、情感變化相符的身段動作，給觀眾以真實優美的藝術感受。

在戲曲教學中，一直存在「以戲帶功」還是「以功帶戲」兩種截然不同的教育理念。雪雯認為，以戲帶功是一種短視的想法。學生基本功薄弱，幾乎是一張白紙的學員，是不可能通過排戲來夯實基本功。唯有打好扎實的基本功，才能以功帶戲，才能遊刃有餘地演好每一齣戲。這是她一生從事藝術教育逐漸形成的教學理念，也是她在長期的成功的執教生涯中日積月累得來的寶貴經驗。

在我看來，周雪雯之所以在長達數十年的執教路上走得那麼堅定，那麼踏實，是因為她自進入崑大班學藝之日起，便被崑劇博大精深的魅力緊緊吸引，不能自拔。由於酷愛，她不僅一生致力於追求崑劇藝術的真諦，還愛屋及烏，對門下隨她學藝的學子嘔心瀝血地執教，與同行坦誠、率真地切磋、交流，不斷提高教學水準。

桃李不言下自成蹊。雪雯淡泊名利，默默無聞地長期耕耘在藝術教育園地，用不著自我宣言。她誠實、正直的品德，卓有成效的教學成果，自然而然地受到學子們的愛戴和敬仰，被人們尊重和欽佩。如今，她年已古稀，仍然努力在藝術教學崗位上發揮餘熱。我和她因崑曲結緣成婚，現在又在執教之路上結伴同行，既是老有所樂，又是不忘初心。我們將共同勉勵：生命不息，教學不止！

後記

AFTERWORD

魏薇

雪雯老師的出版大計已行之有年，每次提起此事，雪雯老師就陷入了掙扎，有時擔心書的質量不夠，有時又煩惱出版工作會增加我們這些孩子的負擔。

然而，君子之思，必成文；雪雯老師作為一位崑曲教育家，深刻地影響了今世崑曲的樣貌，她的教與學、思考脈絡與創作記錄，應當妥善完整地保存下來。《雪潤群芳：周雪雯傳藝錄》一書如實記下了雪雯老師此生對崑曲的敬慎無怠，也忠實反映出雪雯老師一生的謙約淳厚、對天地人常懷感恩。

為雪雯老師撰稿是一件非常困難的事，老師口述的內容聲情並茂，講起表演更是神氣入微；即使我和佳鴻討論、修改再三，希望文稿能兼顧文字的具象立體，卻又不因敷陳賦美而失去雪雯老師藝術的質樸。

期間包括林祖誠先生、傅千玲女士、楊葵女士、許佩珊女士、許懷之先生、李佳鴻女士等協助完成逐字稿及手稿的繕打、校對；懷之西進中國黃岡師範學院教書後，依舊長期「跨海支持」我和佳鴻完成書稿。

雪雯老師的感謝名單太長了，只好請大家回到《雪潤群芳：周雪雯傳藝錄》書裡去漸次找尋。扼要地說，出版計畫醞釀了多久，這感謝名單就有多長。我則要感謝雪雯老師的信任，願把撰稿、整編等工作交託給我。

《雪潤群芳：周雪雯傳藝錄》乘載了雪雯老師一生對崑曲教學的熱愛，希望大家能喜歡。

PEOPLE 463

雪潤群芳：周雪雯傳藝錄

作　者—周雪雯
整　編—魏　薇
照片提供—周雪雯
責任編輯—廖宜家
副 主 編—謝翠鈺
美術編輯—菩薩蠻數位文化有限公司
封面設計—斐類設計工作室

董 事 長—趙政岷
出 版 者—時報文化出版企業股份有限公司
108019 台北市和平西路三段二四〇號七樓
發行專線—（〇二）二三〇六六八四二
讀者服務專線—〇八〇〇二三一七〇五
（〇二）二三〇四七一〇三
讀者服務傳真—（〇二）二三〇四六八五八
郵撥—一九三四四七二四時報文化出版公司
信箱—一〇八九九　台北華江橋郵局第九九信箱

時報悅讀網—http://www.readingtimes.com.tw
法律顧問—理律法律事務所　陳長文律師、李念祖律師
印　刷—勁達印刷有限公司
初版一刷—二〇二一年三月十二日
定　價—新台幣二八〇元
缺頁或破損的書，請寄回更換

時報文化出版公司成立於一九七五年，
並於一九九九年股票上櫃公開發行，於二〇〇八年脫離中時集團非屬旺中，
以「尊重智慧與創意的文化事業」為信念。

雪潤群芳：周雪雯傳藝錄 / 周雪雯作；魏薇整編. --
初版. -- 臺北市：時報文化出版企業股份有限公司,
2021.03
面；　公分. -- (People ; 463)
ISBN 978-957-13-8504-4 (平裝)

1. 周雪雯 2. 教師 3. 崑曲 4. 臺灣傳記

783.3886　　109020131

ISBN：978-957-13-8504-4
Printed in Taiwan